レースに勝つための 最強

トライアスロン トレーニング

監修 青山 剛

51.5km《オリンピックディスタンス》の勝者をめざせ!!

1974年、アメリカ・カリフォルニア州のサンディエゴで始まったとされるトライアスロン。スイム、バイク、ランの３種目を１人で連続して行う過酷な競技だが、だからこそ人々のチャレンジ精神をくすぐる幾多の魅力が詰まっている。

一般のみなさんが行うトライアスロンでは、戦うべき相手は他の誰でもありません。敵は自分自身であり、海や風、太陽といった自然です。

よくマラソンランナーはタイムを気にしますが、トライアスロンはタイムが良い意味で〝あいまい〟。レースの雰囲気を楽しむことに重きを置いている方がたくさんいます。言い換えれば、山頂からの景色がその都度違って見える登山に近いかもしれません。

レースはマラソン以上に自然に左右される環境下で行われるため、毎回新鮮な感動を味わえる。それがトライアスロンなのです。

Satoshi Takasaki/JTU1

スの流れをつかむ

スイム

Swim

落ち着いて入りレー

最初の種目となるスイム。何百、ときに何千を超える参加者が一斉にスタートするため、序盤は混雑し、バトルと呼ばれる接触も頻繁に起こる。ただ、ここをうまく乗り切れれば、流れに乗って行けるはず。落ち着いて泳ぎ切ることを心がけよう。

スピード感を味わう

２番目の種目は、トライアスロンで唯一、マシンを使うバイク。長時間のレースに耐えうる持久力が不可欠だ。颯爽と走れているときのスピード感は心地いい。周りの状況をしっかり把握し、体力を温存しながらレースを進め、ランに備えよう。

バイクを駆使し

Bike バイク

Satoshi Takasaki/JTU1

のフィニッシュへ

ラン

Run

ラストスパート 感動

最終種目となるランを迎え、スイムとバイクで蓄積された疲労を引きずりながらゴールを目指す。体は思うように動かないかもしれない。しかし、この苦しさの先に大きな感動が待っている。残る力を振り絞り、笑顔でフィニッシュエリアへ飛び込もう。

青山 剛

―「3S理論」誕生の経緯―

オリンピックへの挑戦とその経験から導き出された独自のトレーニングメソッド！

競技者から若くして指導者へと転身。オリンピックのトライアスロン競技でメダルを狙うために多くの指導者のアドバイスから知識を得て、現在のトレーニング理論にたどり着いた。元オリンピックコーチである青山剛が、独自のメソッド完成までの「競技半生」を語る。

Takeshi Aoyama

競技人生を変えるトライアスロンとの出会い

私は中学生だったある時期、子供の頃から続けてきた水泳を嫌になってしまったことがありました。でも、運動は続けたいと思っていたときに、書店で見たトライアスロンの本に衝撃を受けました。選手たちがスポンサーロゴをたくさんつけて、ギラギラの太陽と青空の下で、ハワイアイアンマンといったレースでしのぎを削っている。とても格好よく見えました。当時、トライアスロンはオリンピックの正式種目ではありませんでしたが、プロがあり、選手たちは競技を生活の糧にしていると知りました。私もやってみたい――。そう強く思い、将来トライアスロンをやるために水泳から陸上の長距離種目に転向しました。

トライアスロンを本格的に始めたのは、日本体育大学に入学してからです。授業とアルバイトの時間以外はトレーニングに打ち込む毎日でした。すると、それまで水泳でも陸上でもそこそこの結果しか残せなかった私が、トライアスロンでは1年生ながら地区予選を突破し、インカレ（全日本学生選手権大会）に出場できたのです。その喜びは20年以上経った今でも忘れることができません。

基礎を徹底的に行ったら成績も躍進した

その後、千葉でトライアスロンクラブをスタートしようとしていた山根英紀コーチにスカウトされて指導を受けるようになりました。習うことの大切さを改めて知るとともに、基礎を徹底的に仕込まれた結果、大学2年時のインカレでは前年の74位から5位へと躍進しました。そうした実績が目に留まったのか、プロチーム「チームエプソン」からオファーをいただき、チームに加入しました。山根さんからも引き続き指導を受け、学生でもありましたから自分が強くなるために、また将来のために勉強し、様々なメソッドを身につけました。

ただ、5年間在籍したエプソンでは、いわゆる一流選手にはなれませんでした。いま振り返ると、余計なことをしすぎたのだと思います。自分は弱いからいろいろなことを学ぼうと、水泳のコーチに聞きに行ったり、自転車の専門書を読み漁ったり……。山根さんの言うことだけを聞いていればいいのに、自分でも勉強しないといけないと考え、頭でっかちになっていた。知識をつけすぎ、それが一本化されずに大成できなかったわけです。

選手として胸を張れるほどの成績を残せないまま、チームは解散が決まり、半年間ほどは失業保険をもらいながら競技を続けました。そして、そろそろ第一線からは退こうとしていた時期に、ロングディスタンス世界選手権の日本代表に選ばれたのは、少し皮肉と言えば皮肉でした。

自分が強くなるためだけでなく将来のためにも多くのメソッドを学んだ！

後のオリンピック選手
中西真知子のコーチへと転身

　さて、これからどうしようかと考えていた1999年、中西真知子という選手に出会いました。中西は決して賢いタイプではありませんでしたが、素質は抜群でした。私が今まで勉強して蓄積してきた知識を、この金の卵にぶつけたら日本チャンピオンはおろか、オリンピックに行けると感じました。中西側のスポンサーにかけあい、指導したい旨を伝えたものの、選手としてもコーチとしても実績のない私は当初、まったく相手にされませんでした。でも、熱意を買ってくれ、やがて中西を指導できることになりました。

　当時、素質のある中西がなぜ伸びていなかったかと言うと、スイム、バイク、ランとそれぞれスペシャリストのコーチがいても、それらを一本化するコーチがいなかったのです。たとえば水泳のコーチは、少しでも多く泳いでほしい。バイクコーチもランニングコーチも同じ考えです。そこで25歳だった私が生意気にも一本化する立場になり、正式種目の採用が決まっていた1年後のシドニーオリンピックを目指すことになりました。

　しかし、コーチ歴1年でオリンピックに行けるほど、甘い世界ではありません。代表選考レースで中西は日本人4位。ランであと30秒速く走れたらオリンピックに行けたのですが、私が走らせてあげることができなかった。オリンピックに出場できるのは各国3人までで中西は補欠になりました。

　ただ、補欠でもオリンピックに連れて行ってもらえたことは良い経験でした。選手村には入れないけれど、代表選手に帯同して、世界のトップ選手の動きや指導者のコーチングを目の当たりにできました。補欠はもちろん悔しいものでしたが、そんな中でも私たちは、技術や練習のやり方をなんとか盗もうと必死でした。

金哲彦さんの体幹理論がタイムを一気に速くした

そして中西と私は、４年後のアテネオリンピックを目指して始動します。その後出会ったランニングコーチ金哲彦さんの理論がとても新鮮でした。それまで鍛えることばかり考えていた体幹を、金さんは「使えるようにしなさい」と言うのです。さらに、体幹補強運動は走る前にやるクセをつけなさいと。すると中西のランニングはみるみる速くなり、その年（２００２年）の秋には日本チャンピオンになりました。国内でも４、５番手に埋もれていた選手が、断トツの優勝を飾ったのです。

この頃からスイムとバイクも格段に速くなりました。ストレッチやスイッチを徹底して行ったことで、今まで鍛えていた体幹を使えるように

体幹を使えるようにするトレーニングでランだけでなくスイム、バイクも速くなる！

Takeshi Aoyama

なったからでした。しかも、中西に伴走していただけの私も速くなったのは驚きでした。

スイム、バイク、ラン、メンタルトレーニングを、トレーナーや栄養の各コーチ、スーパーバイザーから私が学びながらも、バラバラだったチームをヘッドコーチとして束ね、「チーム中西」を作りました。日本のコーチ陣の中では最年少の私が日本のトップ選手を受け持つことのプレッシャーは、たしかにありました。でも、山根さんや金さんをはじめ、諸先輩たちにフォローをしていただき、私は付きっきりで中西とオリンピックを目指して突き進みました。

トップ選手のメニューを一般の方用にアレンジして実践

アテネオリンピックの選考基準は、世界ランキングやシーズン最終の世界選手権で上位に入るなど、いろいろありました。中西はメンタルも強くなっていましたが、ここ一番で固くなってしまうこと考えると、できればオリンピック出場を最終選考に持ち込みたくない。ですから周囲の人たちの反対もあった中、最終選考の前に世界ランキングを上げるため、多くのレースに参戦しました。

そして、ポルトガルのマデイラ島で行われた最終選考会となる世界選手権。他の日本人選手が緊張している中で、中西は無難に走りきればオリンピックが決まるという状況にあり、メンタル的に余裕を持って臨むことができました。しかも、オリンピックよりもレベルが高いと言われる世界選手権で、中西は終盤まで先頭集団で走っていました。私はそれを見て、レース中に泣いてしまうほど感動しました。

結局、中西は6位に入り、文句なしでオリンピック日本代表の座をつかみました。

オリンピック本番は金メダルを狙いに行き、20位に終わりましたが、前回のオリンピックでは補欠で誰にも注目されなかった中西が、わずか4年間で大きな変身を遂げたわけです。

そうした過程で確立したメソッドと、中西と離れてからの10年間で、中西に教えてきたものを一般の方用にアレンジする形で考えてきたトレーニングメニューがあります。それにより、ダイエット目的で始めた方が今ではアイアンマンに出るようになったり、70歳の方がスプリントディスタンスを完走したりしています。本書ではそのメソッドをあますことなく紹介していきます。

青山式

トライアスロントレーニングの10ヶ条

その1 トレーニングは基礎からスタートしよう！

初心者がいきなりウェットスーツや高性能のＴＴバイクを使うのは、事故やケガの危険を高める。トレーニングの第一歩は基礎作りから始めよう。

その2 51・5㎞のトライアスロンは「サブ4」を切ってから参加する！

フルマラソンで4時間を切る基礎体力がないと、オリンピック・ディスタンスで余裕を持った完走は難しい。まずはフルマラソンでのサブ4を切ってから始めよう。

その6 適度な休養と十分な栄養もトレーニングだと考えよう！

体を動かすだけがトレーニングではない。疲労はできるだけ溜めず、食事をバランスよく摂ることで、トレーニング効果が上がる。

その7 交通ルールやマナーを守って安全第一でトレーニング！

とくに公道を走ることが多くなるバイクでは、自動車と同じ交通ルールを守らなければならない。安全第一で、他人に迷惑をかけないことが大切だ。

その3

目標を設定し正しい動きを身につけよう！

最初に目標を決めてから、正しく走る、泳ぐ、バイクに乗るやり方を身につける。具体的な練習メニューや量はそれが身についてから始めよう。

その4

3つの「S」でトレーニング効果がアップ！

ストレッチ、スイッチ、ストレングス（各3種目トレ）の順番で行う。時間がないときはストレングスを削る。ストレッチとスイッチだけでも効果ありだ。

その5

トライアスロンのトレーニングは「ラントレを軸に」行おう！

トライアスロンの基礎体力を養うには、ランがもっとも効率的。ランのレベルが上がると、それに比例するようにスイムやバイクも上達する。

その8

体に異常を感じたら無理をせずに中断する！

トレーニング中、きつい場面は当然あるが、無理して健康を害したら元も子もない。痛みや気分の悪さを感じたらトレーニングは中断する。

その9

レースは落ち着いてマイペースで臨もう！

気持ちが昂ぶるレース本番は、どうしてもハイペースになりがち。落ち着き、序盤はウォーミングアップぐらいのつもりで、徐々にペースを上げていこう。

その10

日常生活を犠牲にせずトライアスロンライフを楽しもう！

せっかく始めたのなら長く続けたいもの。トライアスロンのために日常生活を犠牲にしたりせず、楽しいトライアスロンライフを送ろう。

レースに勝つための最強

トライアスロントレーニング

目次 CONTENTS

Let's Try Triathlon Training !

TRAINING OF TRIATHLON

PART 1

最新メソッド「３Ｓ理論」で強くなる！

Stretch

Switch

Strength

▼トライアスロントレーニングの考え方

基礎トレーニングから取り組まないと長く楽しくトライアスロンができない

トライアスロン人気の高まりとそこに潜む問題点

この10年でトライアスロンの競技人口はずいぶんと増えました。それ自体はとても喜ばしいことです。しかし、同時に「正しくできている人が少ない」とも感じています。「体や用具の使い方」や「トレーニングやトライアスロンの考え方そのもの」など。あらゆる面での「正しく」ということです。

せっかく始めたのに続かない人が多いだけでなく、レースやトレーニング中の事故はなかなか絶えません。たとえばランニングなら「痛いなぁ」という程度の故障で済みますが、スイムやバイクは事故や大怪我、最悪のケースでは死につながります。趣味で始めたトライアスロンで命を落とすことほど悲しいことはないでしょう。

私は中学生の頃、初めて見たトライアスロンに衝撃を受けました。当時はオリンピックの正式競技ではありませんでしたが、海外のプロ選手たちがウエアにスポンサーをたくさんつけて、太陽がギラギラの南の島で泳ぎ、颯爽と自転車に乗る。その華やかさにとても憧れました。おそらくみなさんの中にも、そんな思いで始めた方もいるはずです。

問題なのは、そういう人の多くがカッコ良いからという理由で、ウエットスーツや高性能のＴＴ（タイムトライアル）バイクをいきなり購入してしまうことです。**まずはプールで「けのび」や「キック」を覚えたり、ロードバイクを乗りこなす。それら基礎から取り組んでいくこと**が、事故や怪我のリスクを軽減し、長くトライアスロンを楽しむ一歩になると私は考えます。

トライアスロンレースに参加するまでの流れ

[トレーニングスタートまで]

自分の現状を知る
①ランのタイムを知る
②スイムのタイムを知る
③バイクの経験があるなし

▶

用具購入

▶

レベル(級)別にトレーニングプログラムを組む
PART6参照

[トレーニング内容]

マストストレッチとマストスイッチで
トライアスロンの基礎となる体幹作り
↓
PART2へ

▶▶▶

トレーニングのベースとなる
ラントレーニング
↓
PART3へ

▶▶▶

海に行く前にプールで
スイムトレーニング
↓
PART4へ

▶▶▶

時間のあるときに
バイクトレーニング
↓
PART5へ

▶▶▶

実践を経験
オープンウォーターのトレーニング
↓
PART7へ

▶▶▶

タイムを稼ぐ
トランジットのシミュレーション
↓
PART7へ

[レース参加まで]

プログラムに沿ってトレーニング開始
↓
PART6へ

▶▶▶

基礎期

▶▶▶

大会申し込み

▶▶▶

レース1ヶ月、1週間前(適応期)でメニューを変える

▶▶▶

レース直前
最終調整

▶▶▶

レース本番

▼途中で挫折しないためには

マラソンで「サブ4」を切る程度の基礎体力をつけてからレースに出る

基礎体力がないとレースを楽しめない

みなさんの中には、これまでランニングを続けてきて、新たなチャレンジとして、トライアスロンを始めたという人が少なくないと思います。ただし、自身のランニングはどれほどのレベルに到達したでしょうか。

トライアスロンで総距離51・5km以上のレースに出場するなら、フルマラソンで4時間を切る、いわゆる「サブ4」は達成していてほしいところです。サブ4レベルの基礎体力がないと、トライアスロンでは余裕を持った完走も難しく、怪我や体調不良を引き起こす原因になりかねません。それではレースを楽しめず、競技を長く続けることもできないでしょう。私がこれまで指導してきた中でも、サブ4到達前にトライアスロンを始めた人は、多くが途中で挫折してしまいました。

逆に、サブ4を達成していれば、スイムもバイクもまたたく間に上手になります。せっかくトライアスロンにチャレンジするなら、今後できるだけ長く、楽しく続けたいものです。そのためにも**フルマラソンでのサブ4を、トライアスロンを始める際の一つの目安**にしてみてください。

トライアスロンの距離
（オリンピック・ディスタンスの場合）

▸▸▸ **51.5km**

スイム 1.5km

バイク 40km

ラン 10km

PART 1 最新メソッド「3S理論」で強くなる！

フルマラソン
42.195km

サブ4（4時間切り）
達成！

サブ4の基礎体力をつけてから、満を持してトライアスロンを行う

トライアスロン
51.5km
（オリンピック・ディスタンス）

大会出場に向けた
トレーニングスタート！

負荷は一緒でもマラソンより負担が少ないトライアスロン

　たとえば、フルマラソンの42.195kmと、トライアスロンのオリンピック・ディスタンスである51.5km。体にかかる負担が大きいのはどちらかと言えば、断然、フルマラソンです。私の感覚では、51.5kmのトライアスロンでかかる負担は、21.0975kmを走るハーフマラソンより少し大きいぐらいだと感じています。負担が少ないということは、怪我のリスクが少ないということ。そして、それは「キツイ」よりも楽しめる要素が多いということでもあります。言い換えれば、エアロビクスのような有酸素運動を2～3時間続けるようなものですから、トライアスロンはきちんとやれば、フルマラソンよりも断然、体に良いのです。負荷は一緒でも、負担が少ない。それがトライアスロンです。

▼青山式トレーニングの法則1

「P＝A×B」が目標達成のためのトレーニングの公式

目標をきちんと設定してから正しい動き方を身につける

「P＝A×B」。これは、私が提唱する目標達成のためのトレーニングの公式です。「P」はパフォーマンスのことで、「レースで完走したい」「3時間以内にゴールしたい」といった目標設定を指します。まずこの目標を明確にすることが大切になります。もちろん、目標は人それぞれ。10人いれば10通りの目標があり、他人と比較するものではありません。

では、Pを生み出す「A」と「B」は何でしょう。「A」は正しい動き方です。トライアスロンでは、正しく走る、正しく泳ぐ、正しく自転車に乗ることがAに該当します。これは初級者であろうと、オリンピックに出場するようなトップアスリートも同じ内容です。人の体の構造は変わりませんから、正しい動き方も一通りしかないわけです。一方の「B」は練習メニューやその量、頻度のことで、Pと同様、目的によって変化します。一流のアスリートと、健康維持のためにレースに参加する人では、練習の中身が異なるのは当然です。とくに、ランニングとバイクは、意識しなくても「走れてしまう」「乗れてしまう」ため、Bばかりをやってしまいがちです。しかし、**正しい動き方、つまりAが身についていない状態でたくさん練習したところで、大きな効果は望めません。**

順番を改めて整理すると、まずはPを明確にします。次にラン、スイム、バイクで、それぞれのAにあたる技術を追求します。そして最後にBに入り、Pに見合ったトレーニングを行っていくという流れです。

パフォーマンスは、正しい動きとトレーニングの掛け算であるという「P＝A×B」、この公式が大切なのです。

目標達成のための公式 P=A×Bとは…

P

=

A

×

B

パフォーマンス

- レースで完走したい
- ３時間以内にゴールしたい
- 健康な体を維持したい
- オリンピックに出場してメダルを獲りたい、など

※人それぞれ。10人いれば10通りの目標があり、他人と比較するものではない。

=

正しい動き方

- ラン＝正しく走る
- スイム＝正しく泳ぐ
- バイク＝正しくバイクに乗る

※人の体の構造は変わらないため、ラン、スイム、バイクはそれぞれ一通りしかない。

×

練習メニュー・練習量

- ラン＝ジョギング60分
- ラン＝インターバル走1000m（4分40秒）×５本など
- スイム＝イルカとび25m×４本（20秒レストで）
- スイム＝プル50m×10本（20秒レストで）など
- バイク＝基礎ライド120分（途中休憩15分前後あり）
- バイク＝レースペース走30分など

※Ｐと同様、目的やレースまでの時期、前日や翌日の内容によって変化する。

▼青山式トレーニングの法則2

ストレッチ、スイッチ、ストレングスの「3S」をトレーニングの骨格と考える

体幹を使える状態にしてから実践種目のトレーニングに入る

トレーニングをより効果的にするためには、「3S(スリーエス)」がポイントになります。3Sとは、「ストレッチ」「スイッチ(正確には体幹スイッチエクササイズ)」「ストレングス」のそれぞれの頭文字Sをとったものです。ストレッチで使う筋肉を伸ばし、スイッチで体に刺激を入れ、眠っていた機能を目覚めさせます。そして、スイッチが入った体を使って強化するのが、ストレングスです。トライアスロンでは、走る、泳ぐ、バイクに乗る部分がこれに当たります。

本書における**トレーニングの考え方は、「ストレッチ、スイッチをきちんとやってからストレングスに入っていきましょう」ということ。**ストレッチとスイッチをせずに、走ったり泳いだり、バイクに乗らないようにしてください。ストレッチもスイッチも、慣れればそれぞれ約10分間で終わります。

練習時間が十分に取れない日や、猛暑や天候が悪くて外に出たくない日には、まずストレングスから削ります。次に削るのはスイッチ。ストレッチを入念にやるだけで、大きなトレーニング効果を得られるのです。

ワンポイント Memo

基礎トレーニングをすれば上達度は上がる

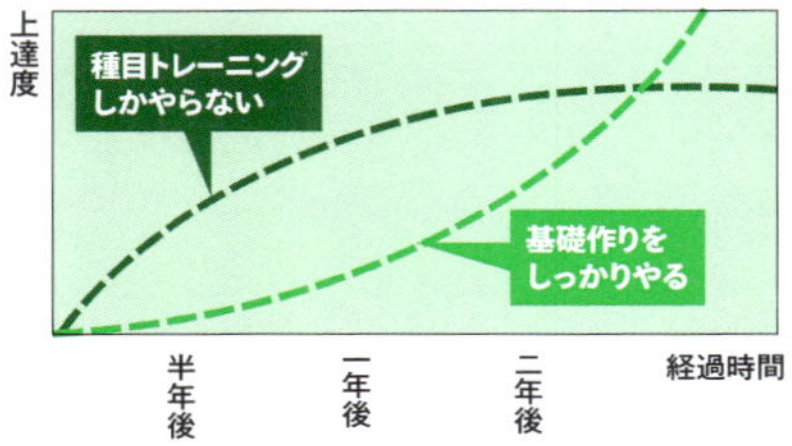

基礎作りをやることで技術的な上達速度は遅いが、数年後にはレースでも良い成績を上げられる

3つの「S」で トレーニング効果アップ!

Stretch
［ストレッチ］

使う筋肉や関節をほぐす。トレーニング時間が取れないときは、ストレッチを最優先に行う

▼

Switch
［スイッチ］

体が体幹から正しく動けるように各機能を呼び覚ます。実践（ストレングス）を開始する前に必ず行いたい

▼

Strength
［ストレングス］

走る、泳ぐ、バイクに乗るなど、実際に競技をトレーニングする。ストレットとスイッチで意識した体幹の力を使おう

3種目を行うトライアスロントレーニングは、まずは「ラン」中心で行う

ランで基礎体力を養うとスイムやバイクも向上する

　トライアスロンは、スイム、バイク、ランの3種目がありますが、トレーニング量も3分割して考えるのが良いかと言えば、それは違います。

　みなさんのほとんどは、プロの競技者ではありません。普段は仕事や学校があり、トレーニングに費やすことのできる時間は限られていると思います。ならば、スイム、バイク、ランの練習時間を均一にするのではなく、ランを中心に行うようにしてください。練習場所が限定されるスイムやバイク

トレーニングはランを柱とする

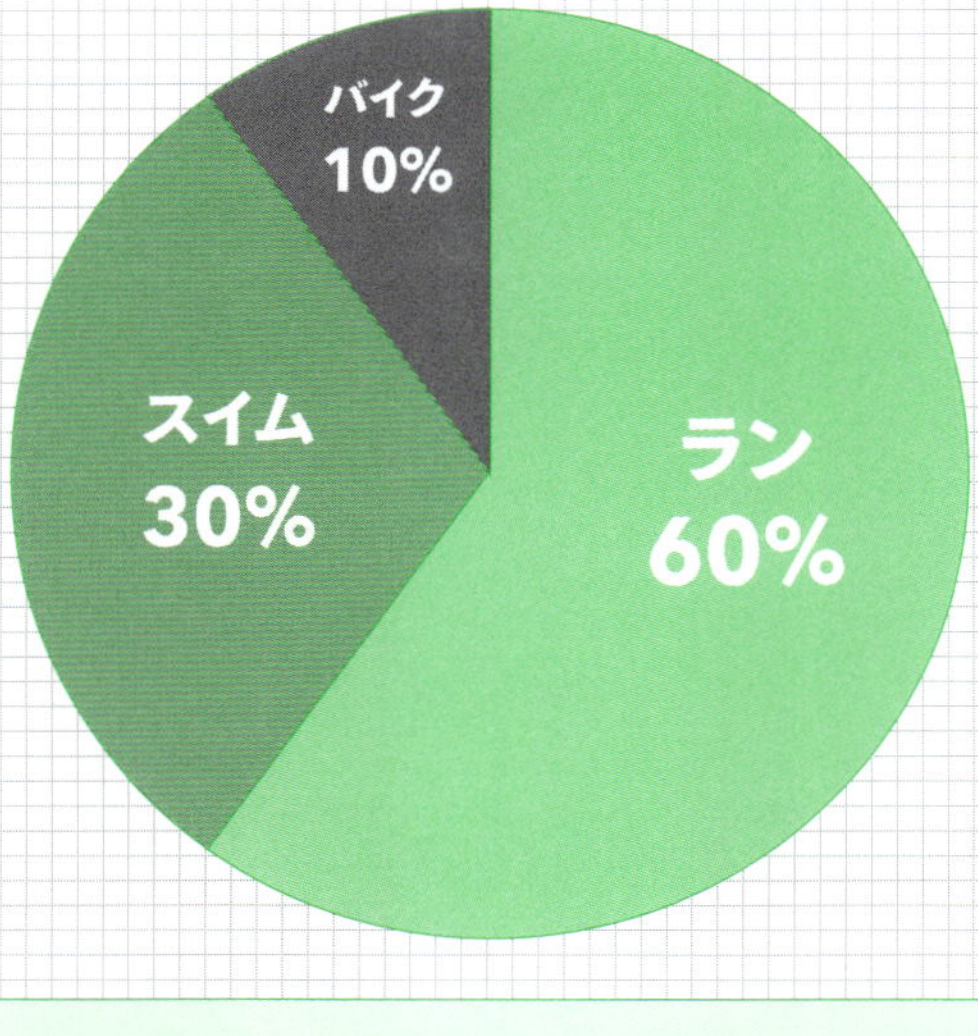
バイク
10%
スイム
30%
ラン
60%

忙しい社会人の方に推奨するのは、グラフのような割合だが、もちろんその限りではない。暑い時期はスイムの日を増やしたり、気分転換のために休日にバイクに乗ってもいい。

に比べ、ランはいつでも、どこでもトレーニングができます。また、トライアスロンの基礎体力を養うには、ランがもっとも効率的だからです。

面白いことに、**ランの能力が高まると、スイムやバイクの能力も比例するように向上します。**以前、私が指導した一般の方でも、しばらくランニングだけを続けていたら、泳げなかったのがいつの間にか泳げるようになっていたという人がいました。これは3Sによって体幹にスイッチが入り、それがスイムでも生かされたからです。

日常が忙しい方は、まずはランでベースとなる部分をしっかり作り、徐々にスイムやバイクのトレーニングを増やしていくのが良いでしょう。社会人のみなさんはとくに、平日はランニングを行い、スイムは頑張って週に1～2回。週末の土日にバイクというサイクルがおすすめです。

ワンポイント Memo

週間トレーニングメニュー例

ランを中心にトレーニングし、スイムを週２回、バイクを週末にメニューに入れるなどする

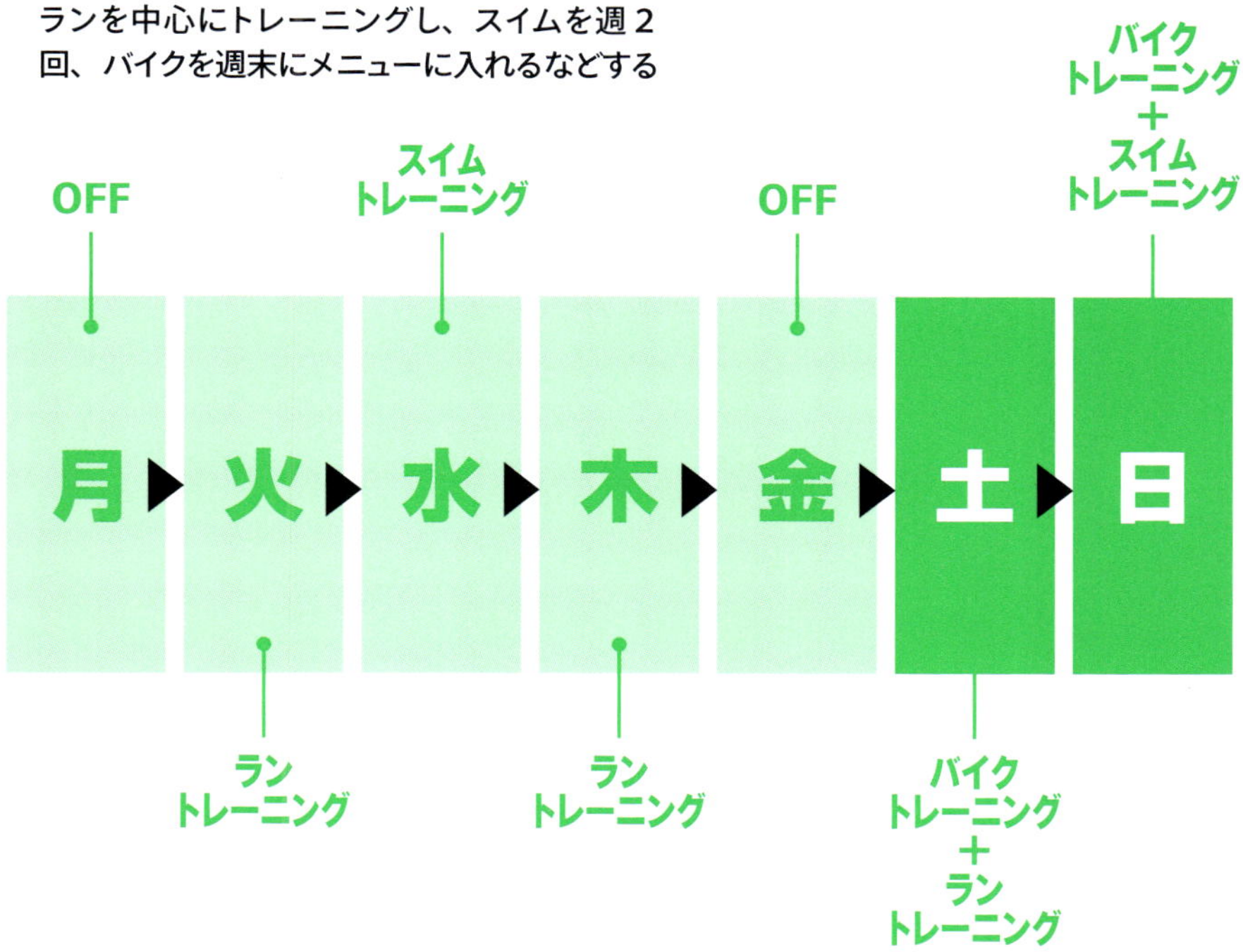

▼日常生活にトレーニングを取り入れる

ライフスタイルに合わせてトレーニングを組み込む

通勤や短い空き時間にできるトレーニング

忙しくてなかなかトレーニングに時間を割けない、という人は、日常生活の中にトレーニングを取り入れてみてはいかがでしょうか。

すぐにでも始められるのが、通勤・通学時間に歩く、走る、自転車に乗ることです。最近は都心部にシャワー施設が増えましたから、そこまで走って汗を流してから会社へ向かうのもいいでしょう。仕事に支障が出そうなら、帰宅時だけ歩く、というのでも十分なトレーニングになります。

通勤を含め、移動の際にエレベーターやエスカレーターを使わず、階段を昇り降りするのも一つの方法です。階段はカカトを落とさずに昇ると、それによって骨盤が動き、実際のトレーニングでも生かされます。

また、連続した時間は取れなくても、5分程度の時間があれば、正しい立ち方を復習したり、ストレッチやスイッチを行ってみてください。小分けに行っても構いません。ストレッチやスイッチの習慣化は、トレーニング効果の向上はもちろん、故障のリスクが減るという意味でも、日頃から積極的に取り組みましょう。

ワンポイント Memo

1日の生活リズム例（会社員の例）

6:00	6:30	7:00	8:30	12:00	13:00	17:00	18:00	20:00	23:00
起床	ストレッチ&スイッチを15分程度	朝食	出勤 内勤	昼食 昼休みに5分ストレッチ	外勤	終業	ラントレーニング1時間30分	夕食	就寝

生活シーンをトレーニングに

トレーニング時間以外にも、工夫次第で様々なトレーニングが可能です。通勤や帰宅中、駅や会社の階段、自宅でなど、日常のちょっとした時間を有効に使いましょう。

通勤・通学や帰宅で

- ▶ **歩く**（自宅から駅まで、2つ手前の駅からなど）
- ▶ **走る**（会社近くのシャワー施設まで、終業後に帰宅ランなど）
- ▶ **自転車に乗る**（自宅から会社の往復など）

駅や会社の階段で

- ▶ **昇り**
  （カカトを落とさずに昇る）
  ※ラン、バイクに効果あり
- ▶ **降り**
  （視線を前に向けたまま降りる）
  ※ラン、バイクに効果あり

職場や学校、電車の待ち時間や電車内で

- ▶ 正しい立ち方を復習する
- ▶「お尻突き出しスクワット」や「腕前後振り」などのスイッチ（PART3参照）を行う

自宅で

- ▶（テレビを見ながら）ストレッチやスイッチ（片手片足背筋などPART2参照）、スイムスイッチ（PART4参照）などを行う
- ▶（歯を磨きながら）壁ストリームライン（PART4参照）などを行う

▼目標設定

オリンピック・ディスタンスを「きちんと」完走を目標に設定する

正しい動き方とともに動き続ける持久力も不可欠

本書では「オリンピック・ディスタンス（51・5㎞）をきちんと完走すること」を共通の目標にし、話を進めていきたいと思います。

1970年代に始まったトライアスロンは当初、アイアンマンの距離（スイム3・8㎞、バイク180㎞、ラン42・195㎞）が基本でした。

その後、様々な距離のレースが行われ始め、2000年のシドニーオリンピックで正式種目に採用されたのを機に、現在はオリンピック・ディスタンスがレースの主流です。したがって本書でも、その完走を目指した各種トレーニングを紹介しています。

いつかは過酷なアイアンマンに挑戦したいという方も、まずはオリンピック・ディスタンスを完走してからにしてください。いきなりアイアンマンに出場すると、怪我や事故のリスクが高まります。また、オリンピック・ディスタンスより短い距離のレースもありますから、初心者は段階的にトレーニングを積んだ後、そういう大会で力試しをするのもいいかもしれません。大会の雰囲気、用具やトランジットに慣れるだけでも意味があります。

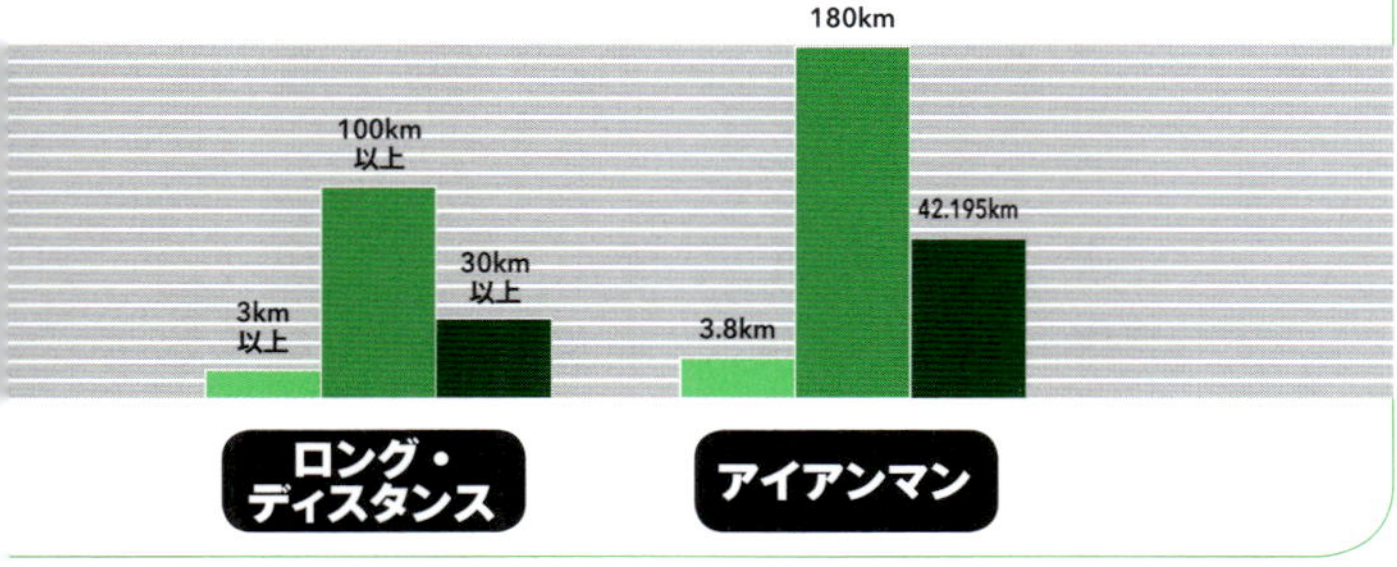

完走するために必要なこと

1 正しく走る、泳ぐ、バイクの乗るための技術

目標達成のための公式「P＝A×B」のAに当たる部分

2 長丁場のレースで体を動かし続けていられる持久力

2～4時間に及ぶレースの中で、しかもスイム、バイク、ランとそれぞれ異なる部位の筋肉を中心に動かすため、筋持久力も重要だ

3 強い気持ちとトライアスロンを楽しむ心

日頃のトレーニングでは、自分が立てた目標に向かって我慢しなければならないことも多いが、レースではそれまでやってきたことをすべて発揮するつもりで心から楽しむ

ワンポイントMemo

トライアスロン距離別大会

＝スイム　＝バイク　＝ラン

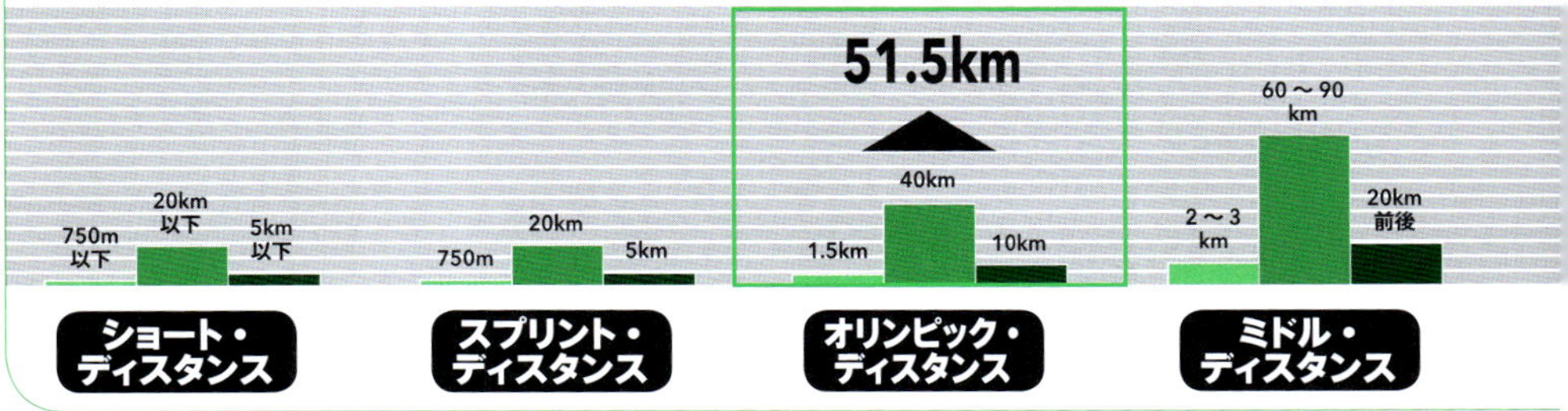
750m以下
20km以下
5km以下
ショート・ディスタンス
750m
20km
5km
スプリント・ディスタンス
51.5km
1.5km
40km
10km
オリンピック・ディスタンス
2～3km
60～90km
20km前後
ミドル・ディスタンス

▼自分のレベルを知る1

自分の実力を知るために ランとスイムのタイムを計測する

すでにトライアスロンを始めていて、本書を手に取ってくださった方の多くは、おそらく4級レベルに集中しているのではないでしょうか。4級レベルの方々の一部がアイアンマンなどのレースに参戦し、怪我をしたり事故にあったりしてしまっています。ここではあくまでも「オリンピック・ディスタンスの51・5㎞をきちんと完走すること」を目標とし、そのためのトレーニングを紹介していきます。

ただ、現在4級の方がすぐに2級レベルに到達できるわけではありません。一歩ずつ確実に、でも楽しみながらレベルアップしていきましょう。

スイムは100〜400mで ランは5㎞で計測

具体的なトレーニングに入っていく前に、まずランとスイムのタイムを計測してみましょう。青山式のトレーニングでは、「青山式級別参考タイム」を作り、これぐらいで走ったり泳いだりできれば、○級というふうに級別にカテゴリー分けをしています。計測したタイムによって、現在の自分のレベルが把握できます。たとえば、**ランは2級で、スイムは4級という方は、トライアスロンレベルでは低い方の級をとり、4級ということに**します。

ワンポイント Memo

タイムを測るポイント アップとダウンをしっかり行う

タイムトライアル（TT）を行う前に、ストレッチとスイッチをしっかり行ってください。ランの５kmは、ウォーミングアップとして15分ぐらい軽くジョギングをしてから、通称「流し」と言われる100〜200mの軽いダッシュを４〜６本入れ、心拍数を上げて臨みます。これをやることで、一般の人は約30秒はタイムが違ってきます。スイムは泳力や泳ぐ距離が異なるので、なかなかひと括りにできませんが、ウォーミングアップはトータルで15分ぐらい（ドリルや25m×４本などの軽いダッシュ）を行います。ランもスイムもTT後のクールダウンを忘れないこと。

級別 ラン&スイム参考タイム

5級	ラン ▸ 5km 35分	スイム ▸ 100m 3分
4級	ラン ▸ 5km 30分	スイム ▸ 200m 5分
3級	ラン ▸ 5km 25分	スイム ▸ 400m 8分
2級	ラン ▸ 5km 22分30秒	スイム ▸ 400m 7分
1級	ラン ▸ 5km 20分	スイム ▸ 400m 6分

ワンポイント Memo

バイク(自転車)トレーニングは交通ルールやマナーを守ろう!

本来であれば、バイクもタイムを計測し、級別に分けたいところです。しかし、おもに公道を走ることになるバイクは、法的に「軽車両」に分類され、自動車と同じ交通ルールを守って走らなければならないため、タイムの測定が難しいのが現実です。基本的な交通ルールだけでも、「車道の左側を通行」「交差点では信号に従う」「並進禁止」「『止まれ』の標識では必ず一時停止」などがあり、2015年6月からはそれらの違反による罰則が強化されました。

ルールを守らずにバイクに乗ると、自分だけならまだしも、他人を事故に巻き込んでしまいかねません。この機会にもう一度、交通ルールを見直し、できれば練習中の怪我や事故に備えて、自転車保険に入っておくことをおすすめします。

▼自分のレベルを知る2

オリンピック・ディスタンスは3級レベルを目指してトレーニングする

身の丈に合った級のトレーニングを積む

40ページでは、タイムを計測して自分の現在のレベルを確認しました。そのレベルにいる人が、どれくらいの距離の大会に出場できるのか、また、各地で開催されているおもな大会を43ページの下に提示しています。大会は他にもたくさんありますので、インターネット等で探してみてください。

本書では、オリンピック・ディスタンスを「きちんと」完走が第一の目標ですから、まず3級以上を目指すことになります。オリンピック・ディスタンスは４級でも完走できないことはありませんが、相当苦しむ覚悟をしなければなりません。３級レベルの力が身についてから、ミドルやアイアンマンへの挑戦を検討してみましょう。

ＰＡＴＲ５までは、ラン、スイム、バイクのそれぞれのトレーニングのやり方を、ＰＡＲＴ６では、各級のトレーニングの組み方を紹介しています。それを参考にトレーニングを進めますが、**あまりかけ離れた級のトレーニングでは効果が出にくくなります。身の丈に合った級のトレーニングをしっかり積む**ことで、数ヶ月後には確実にレベルアップできるはずです。

ワンポイントMemo

レベル以上のメニューに取り組むと怪我や事故のリスクがあるので注意！

トライアスリートは"ザ・ラン""ザ・スイム""ザ・バイク"と、ただ走る、ただ泳ぐ、ただ乗るというように分けて、トレーニングをしてしまいがちです。トライアスロンは３種目がセットになって行われる競技ですから、そのことを意識しながらトレーニングに励むようにしましょう。

また、自分のレベル以上のメニューに取り組むと、怪我や事故のリスクが高まります。「大会推奨レベル」は少し厳しいと感じられるかもしれませんが、長く楽しく競技を楽しむためにも、段階を踏んだトレーニングを心がけてください。

級別 大会推奨レベル表

5級以下	大会出場はまだ止めておきましょう		
5級	ショート・ディスタンス(プール大会) ◎	スプリント・ディスタンス(プール大会) ▲	
4級	スプリント・ディスタンス ◎	オリンピック・ディスタンス ▲	ミドル・ディスタンス以上 ×
3級	オリンピック・ディスタンス ◎	ミドル・ディスタンス以上 ▲	
2級	ミドル・ディスタンス以上 ◎		
1級	アイアンマン ◎ ＋ 各距離年代別上位入賞へ		

各級レベルで、トレーニングを行えれば、

◎ =だいぶ安心して出場可能!
▲ =制限時間内完走目的であれば、出場してもよい(但し相当苦しむ!)
× =出場はおすすめできない!
➡ 従って本書では3級以上を目指す!

日本全国の主なトライアスロンレース

スプリント・ディスタンス

■神奈川県	世界トライアスロンシリーズ横浜大会	5月中旬頃
■千葉県	チャレンジトライアスロン幕張	6月上旬頃
■千葉県	館山わかしおトライアスロン大会	6月下旬頃
■東京都	国営昭和記念公園トライアスロン大会チームケンズカップ(プール大会)	9月中旬頃
■熊本県	天草国際トライアスロン大会	7月下旬頃

オリンピック・ディスタンス

■神奈川県	世界トライアスロンシリーズ横浜大会	5月中旬頃
■千葉県	館山わかしおトライアスロン大会	6月下旬頃
■熊本県	天草国際トライアスロン大会	7月下旬頃

ミドル・ディスタンス

■愛知県	アイアンマン 70.3 セントレア知多・常滑ジャパン	6月上旬頃
■沖縄県	いぜな 88 トライアスロン大会	10月中旬頃

ロング・ディスタンス

■北海道	アイアンマン・ジャパン北海道	8月下旬頃
■沖縄県	全日本トライアスロン宮古島大会	4月中旬頃

※大会開催時期は年によって変更になることがございます。大会公式 HP などをご確認ください。

▼トレーニング計画1

自分自身を追い込むために、1人でできるトレーニング計画を立てる

仲間の存在が刺激になるが レースは自分との闘い

　ある程度トレーニングを積んだら、レースに出てみたいという気持ちになってきます。そこで各地で行われている大会の中から自分に合ったレースを選び、レースでの目標に向けたトレーニングを開始します。その詳細についてはＰＡＲＴ６で解説しますが、トレーニングは計画を立ててから実施するまで、基本的に1人で行うということを覚えておきましょう。

　トライアスロンを続けていけば、やがてレースや練習を通して仲間が増え、その存在がさらなるモチベーションにつながっていく面はあります。仲間とアドバイスをしあったり、情報交換をすることも可能です。それがトライアスロンの魅力でもあります。

　しかし、レースはあくまでも1人で臨むもの。アクシデントが起きれば基本的に自力で解決しなければなりません。相手は他の誰でもない、自分自身なのです。そのため、**トレーニングも1人で行う時間をなるべく作り、他人の力を借りずに追い込んだメニューをこなせるメンタリティを養いましょう。**そうした意識が、レースで苦しい場面を迎えたときの力になります。

ワンポイント Memo

海でのトレーニングは なるべく２人以上で

　突然、潮の流れが変わったり、船が航行している海でのトレーニングは、プールで行うとき以上に危険が伴います。海で泳いだ経験の少ない初心者ほど、１人で行くことは避け、できるだけ２人以上の経験者と行くようにしましょう。また、たとえ泳ぎに自信があっても、遊泳区域外に勝手に出ていくなどの危険行為は絶対に禁止です。海のルールはきちんと守ってトレーニングに臨むようにしてください。なお、トライアスロンの競技規則では、レース中に救助を求めるときは、競技を停止し『片手を頭の上で振り、声を出して救助を求める』と定められています。

年間トレーニング計画（オリンピックディスタンス／スイムランともに3級くらいの方）

月	週	大会	目標	トレーニング	
4月	1			基礎	バイク強化＆実践的シーズントレ
	2				
	3				
	4				
5月	1		完走	基礎	
	2				
	3	デュアスロン			
	4				
6月	1		3時間	基礎・調整	
	2				
	3				
	4	オリンピックディスタンス			
7月	1		完泳	夏トレ	スイム強化
	2				
	3				
	4	海スイム2km			
8月	1		トレーニングTT	夏トレ	
	2				
	3				
	4	スプリントディスタンス			
9月	1		2時間50分	調整	大会調整しながらラン強化
	2				
	3	オリンピックディスタンス			
	4				
10月	1		1時間52分	量	
	2				
	3				
	4	ハーフマラソン			
11月	1		4時間	ペース・調整	
	2				
	3				
	4	フルマラソン			
12月	1			休養・準備	レストメンテ
	2				
	3				移行
	4				
1月	1		1時間50分	量	ラン＆スイム強化
	2				
	3				
	4	ハーフマラソン			
2月	1		1時間48分	量	
	2				
	3				
	4	ハーフマラソン			
3月	1			量・準備	
	2				
	3				
	4				

▼トレーニング計画2

トレーニング強度と疲労、休養、栄養のバランスを考える

体を動かすだけではトレーニング効果は得られない

トレーニングはその内容によって、強度に違いがあります。いわゆるキツいメニューは強度が高い分、大きな効果が期待できますが、体に負担がかかる分、疲労が溜まりやすく、故障のリスクも高くなります。逆に、比較的ラクにできるメニューは強度が低く、体への負担が小さいので故障の心配はそれほどありません。どちらか一方ばかりをやるのではなく、強度が高いメニューと低いメニューをうまく組み合わせることが理想です。

ただし、**トレーニングは、体を動かしているだけではダメで、「運動」「休養」「栄養」の3つがそろって、初めてパフォーマンスが上がります。**つまり、栄養や休養をとることも大事なトレーニングと言えるのです。強度の高いメニューの翌日に疲れが溜まったなと感じたら、休養日に切り替え、ゆっくり過ごすのもいいでしょう。

また、様々な筋肉を酷使するトライアスロンでは、食事の栄養による体作りは欠かせません。日頃から五大栄養素を意識し、バランスよく摂取できれば、トレーニングやレースで大きな力になってくれるはずです。

ワンポイントMemo

トレーニング強度と疲労度の関係

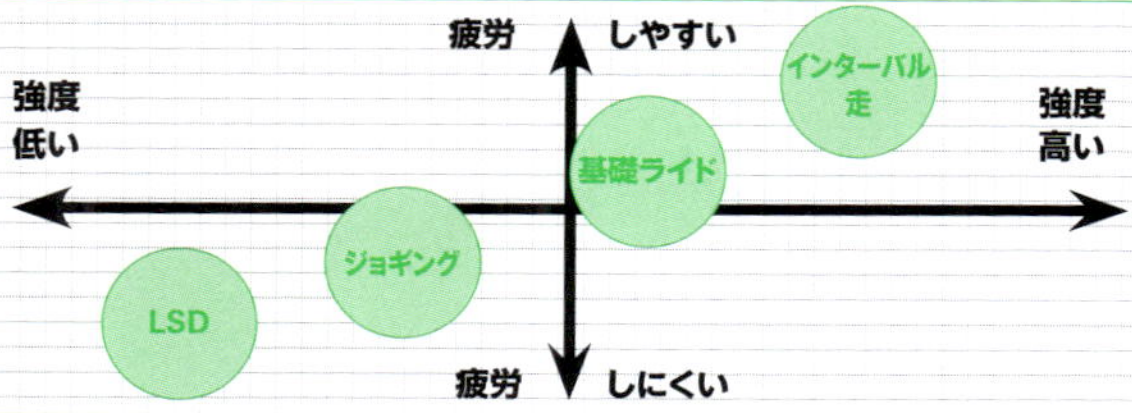
疲労　しやすい
疲労　しにくい
強度
低い
強度
高い
インターバル走
基礎ライド
ジョギング
LSD

※LSD（ロング・スロー・ディスタンス）

理想的なトレーニングと休養のバランス

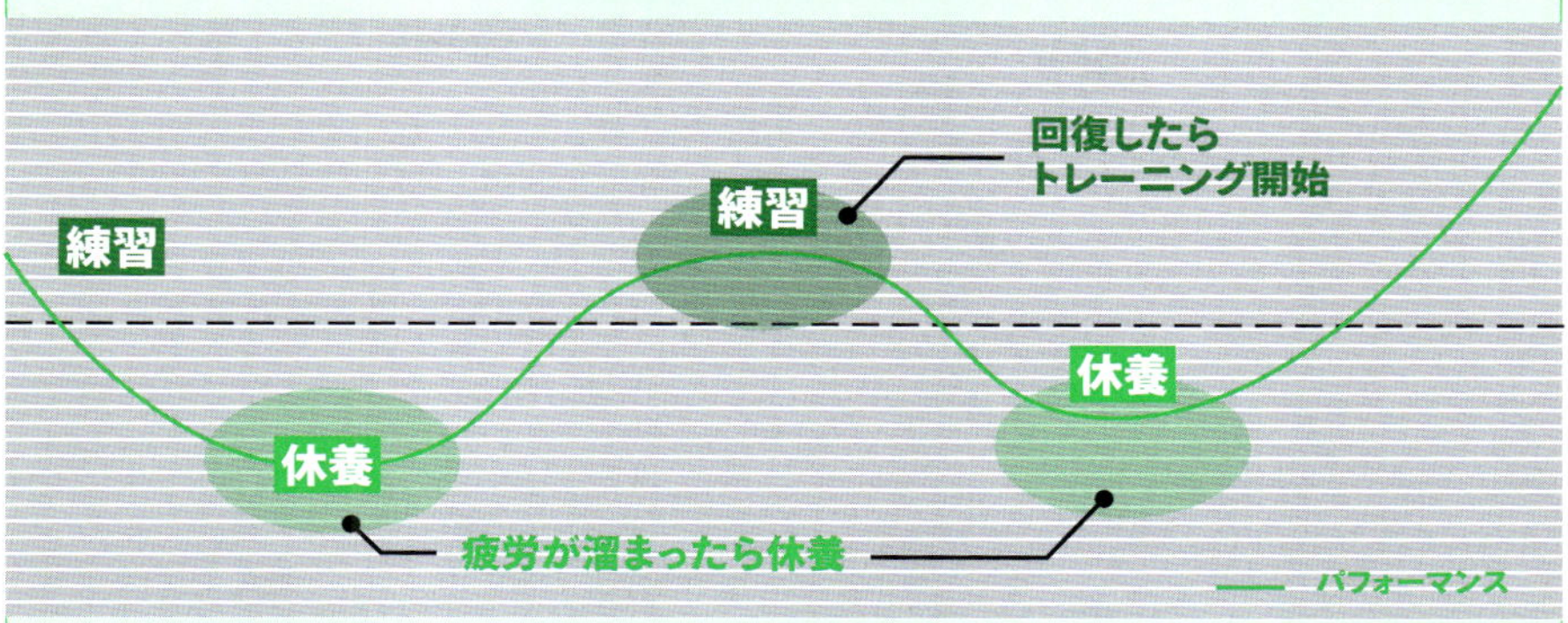
練習
回復したら
トレーニング開始
練習
休養
休養
疲労が溜まったら休養
パフォーマンス

体調不良や故障がある、寝不足、疲れ気味、体がだるいといったときは、高いトレーニング効果は望めない。思い切って休養日にあて、疲労回復に努めよう。

トレーニングを支える五大栄養素

タンパク質

卵・大豆・
鶏ささみ・赤みの肉

走れる体、泳げる体、筋肉を作る

脂質

バター・チーズ・
マヨネーズ・くるみ

長く体を動かすときのエネルギーになる

炭水化物

ごはん・パン・麺類

脂肪を燃やすエネルギーになる

ビタミン

野菜・果物

体の調子を整え、持久力をつける

ミネラル

乳製品・海藻類

骨を作り、体のコンディションを整える

▼トライアスロンの道具

トレーニングとレースでは使用するウエアなど道具が違う

自分の体やレベルに合ったトライアスロン道具を購入する

3種目あるトライアスロンは、そろえなければならない道具も他のスポーツの3倍の量です。しかも、トレーニング時に着るウエアでそのままレースに出られるランニングとは違い、レースとトレーニングで別のものを用意しなければならない道具（とくにウエア）があります。また、バイク本体を始め、その他アイテムは高価なものもあります。

しかし、最近ではバイクやウエットスーツのレンタルもありますし、最初から高価なものを求めなければ、お手頃価格の道具も増えています。購入の際は専門店のスタッフやトライアスロン経験者のアドバイスに耳を傾け、よく検討し、自分の体やレベルに合った商品を選ぶようにしてください。

とくに初心者の方は、カッコいいからという理由だけで、ＴＴバイクのようなハイグレードな道具に手を出すのはやめましょう。道具は、メンテナンスを怠らず大切に扱えば、やがて愛着が湧き、きっと長く使えます。

49ページでは「レースで使うもの」と「トレーニングで使うもの」をまとめています。

ワンポイント
Memo

擦れ防止に威力を発揮するワセリンはあると便利なアイテム

スイムでウエットスーツを着て泳ぐ際、体とウエットスーツの擦れで肌を傷めることがよくあります。それを防止するにはワセリンがおすすめです。ワセリンは薬局などで購入できます。よく動かす肩のまわりや首のまわりに塗っておきましょう。足首に塗るとスイム終了時にスーツが脱ぎやすくなり、トランジット時間の短縮につながります。

また、ワセリンはバイクパンツの擦れやすい部分やランニングシューズの中に塗ることで摩擦の防止になります。トレーニングやレースに臨むにあたり要しておきたいアイテムです。

RACING GAER

レースで必ず使うもの

・トライアスロンウエア

・レースナンバーベルト

・スイム
ウエットスーツ、ゴーグル、キャップ

・バイク
バイク一式、ヘルメット、バイクシューズ、(サングラス)

・ラン
ランニングシューズ、(キャップ)

TRAINING GEAR

トレーニングで使うもの

・スイム
水着、ゴーグル、キャップ

・バイク
バイク用ウエア、バイク一式、ヘルメット、バイクシューズ、サングラス、グローブ

・ラン
ランニングウエア、ランニングシューズ、キャップ

OTHER GEAR

その他の小物

時計、くもり止め、ワセリン、(耳栓)、ソックス、グローブ、空気入れ(フロアポンプ、携帯ポンプ)、スペアチューブ・タイヤ、アームウォーマー、ウインドブレーカーなど

RUN

ラン

EYEWEAR

サングラス

紫外線や砂ぼこりから目を保護し、風を避けることもできる。バイクパートでも使えるので、ずれ防止や下方の視界を妨げないフレームを選びたい

WEAR

ウェア

汗を吸って乾きやすい吸湿速乾性の高いものや、体にフィットしたものを選ぼう。脇腹あたりが絞れていると、腕を振った際に引っかからず、快適に走れる

インソール

足の左右差を整え、安定した走りをもたらす。足への負担を軽減し、疲れにくくなる

ソックス

できるだけランニング用ソックスを。締めつけ感があり、前に進みやすい構造になっている

SHOES

シューズ

レース中、足がむくむので、普段の靴より少し大きめのサイズを選ぶ。初心者は厚めでやわらかいソールがおすすめ。軽さよりも履き心地を重視する。ランニング専門店で購入するのが理想的だ。また、はだしでレースに出る場合も考えてサイズを選ぼう

ワンポイント Memo

バイクからランへのトランジットでも、靴ひもを結ぶ時間はできるだけ短く終えたいところです。そんなときに役立つのが「ゴムひも」です。競技時間の長いトライアスロンは、マラソン以上に足のむくみの影響が強く出ます。足はむくむとサイズが少し大きくなりますが、「ゴムひも」ならば伸びることで、適度なフィット感を持続できるわけです。

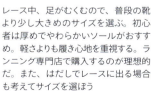

トライアスロンのマストアイテム ▶ トレーニング②

Swim

スイム

Cap

Goggle

Wear

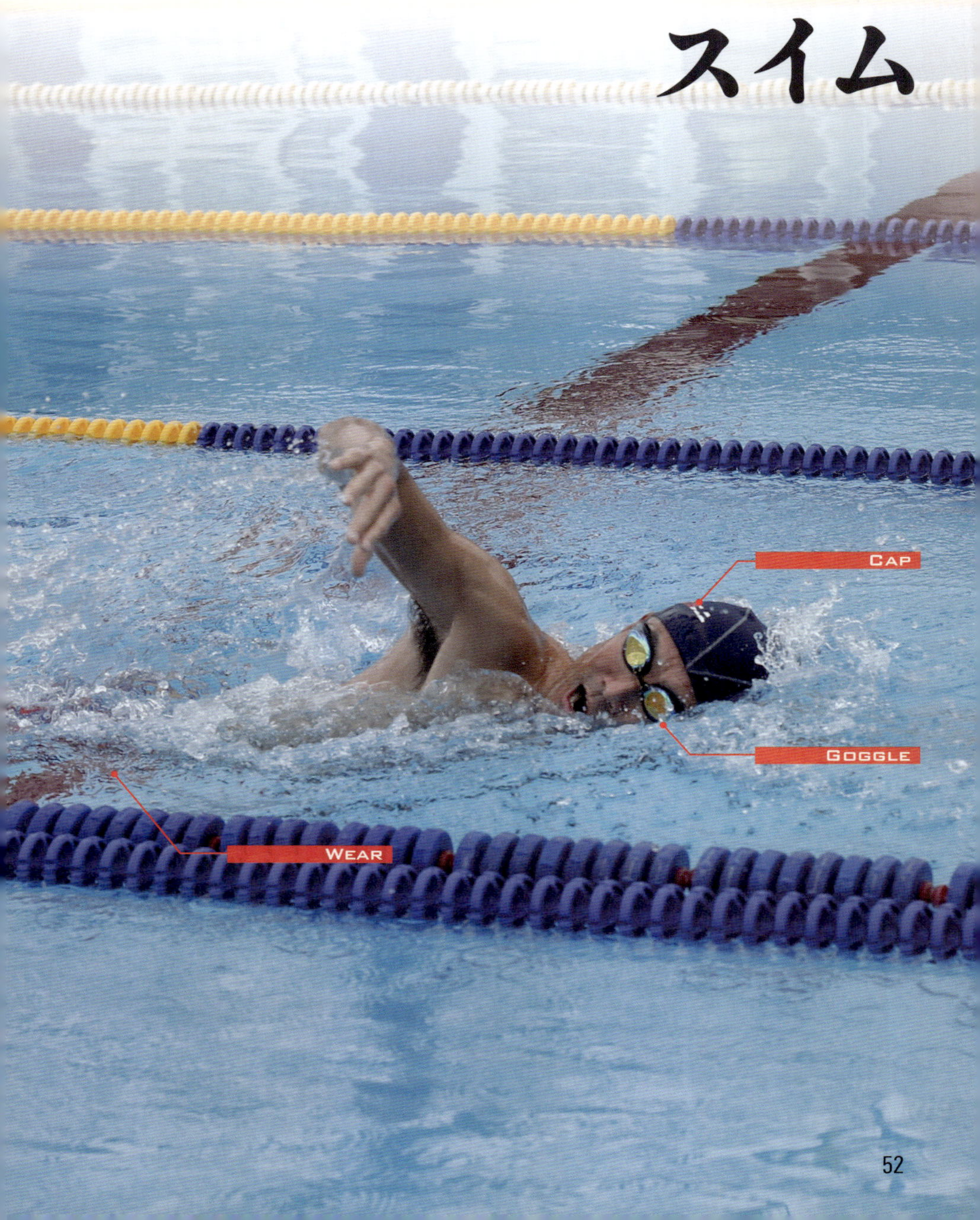

CAP/GOGGLE

キャップ・ゴーグル

自分の顔にフィットし、水漏れしにくいものを。くもり止めや紫外線カット、水面のギラつきを抑えるレンズなど、様々なタイプがある

メッシュタイプ

シリコンタイプ

おもにメッシュタイプとシリコンタイプがある。シリコンタイプはプールの塩素や海水による髪の傷みを抑えられるが、かぶりにくい面も。トレーニング時はメッシュタイプがおすすめ

TRAINING GEAR

トレーニング小物

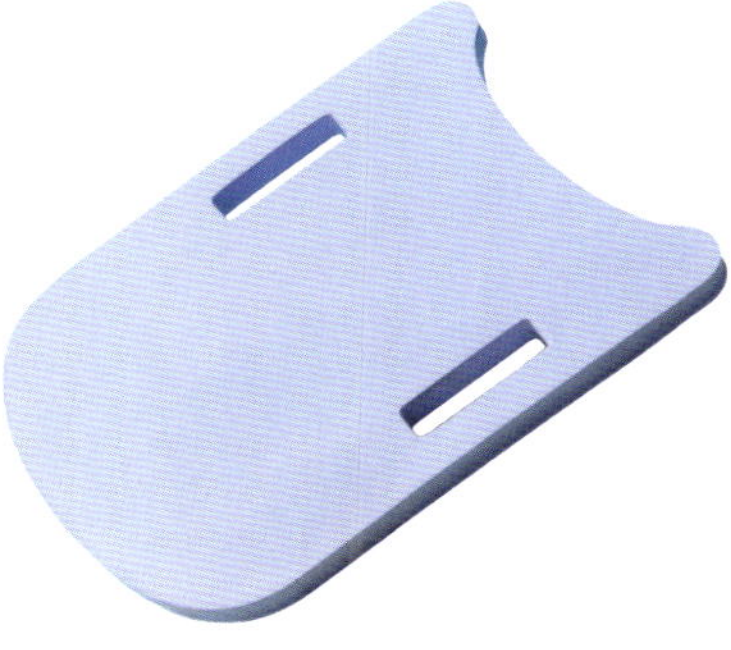

ビート板は、浮力を得るために使う板状のアイテム。両手で持ったり、脚に挟んだりしてストロークやキックのドリルを行う。プールで貸してくれる場合が多い。トレーニング小物としては他に、プルブイやパドルなどがある

WEAR

水着

プールでのトレーニングは競泳用のもので問題はない。近年、材質や形状が進化しており、耐久性に優れた水着やストリームラインを体に記憶させてくれる水着もある

トライアスロンのマストアイテム ▶ トレーニング③

BIKE

バイク

- HELMET
- WEAR
- BIKE
- SHOES

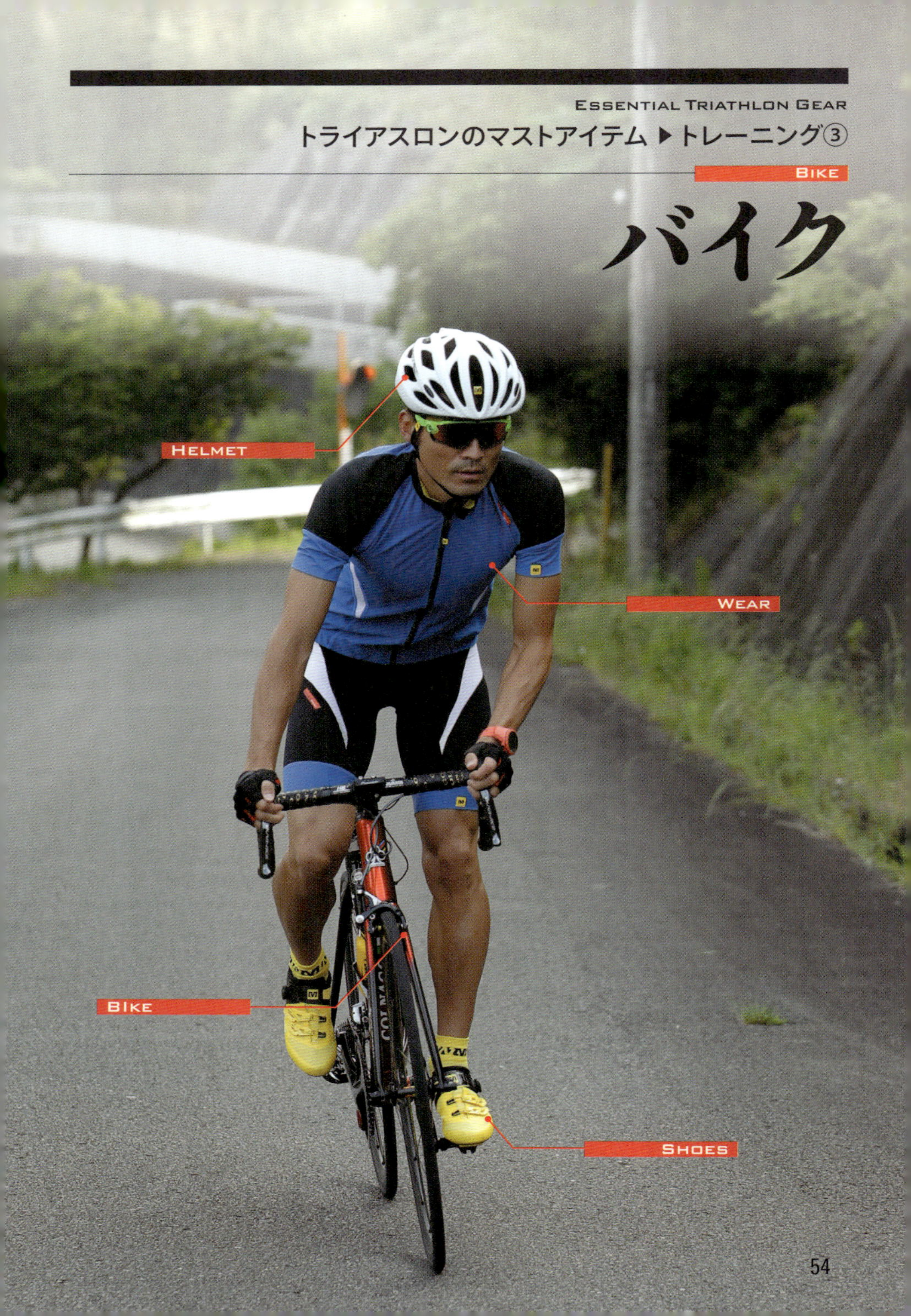

BIKE

バイク

※必ずペダルが付きます

タイムトライアルバイク

タイムトライアルバイク(TTバイク)は、ロードバイク以上に高速を重視した構造だ。本書で推奨するレベル(級)では、2級以上で使用OKだ

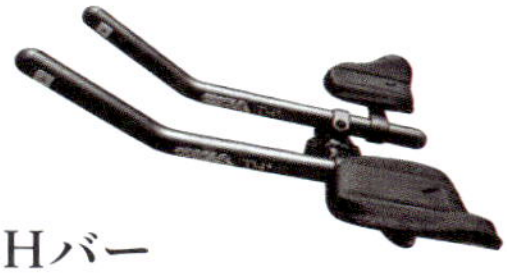

DHバー

ロードバイクのハンドルに取り付けるアタッチメントバー。空気抵抗が軽減されるが、乗り慣れがかなり必要。使用は3級以上からがおすすめだ

※必ずペダルが付きます

ロードバイク

ロードバイクは、オンロードの高速・長時間・長距離走行に適している。前傾姿勢となり、ペダルにシューズを固定するなど、初心者はとくに慣れが必要だ。TTバイクに乗る前にロードバイクでしっかり基礎をマスターしよう

HELMET

ヘルメット

一番の目的は転倒した際などに頭を保護すること。最近は軽量化が進み、通気性も良い。計算された流線型が空気抵抗を軽減する

WEAR

ウェア

トレーニングでは、お尻の痛みを和らげるパット付きウェアがおすすめ。転倒時にケガを最小限にしてくれるので必ず着用して乗ること。レースではバイクとランで併用できるものが主流となっている

バイクのトレーニングでは、安全面も考慮に入れてグローブは必ずつけるようにしよう

SHOES

シューズ

クリートという留め具をつかってペダルに固定するのが特徴。普通の靴に比べて造りが硬いので、あらかじめ履き心地や着脱のしやすさを確認しておく

RACING GEAR

レースギア

トライスーツ

水着のような生地で、スイムのときの保温性とバイク、ランでの動きを妨げない機能を兼ね備えている。スイムでは、ウェットスーツの中に着用しても問題ない

ゼッケンベルトは、レース時、レースナンバー（ゼッケン）を手間なく着脱できるアイテム。あると非常に便利

ウェットスーツ

ウェットスーツは安全のために着用する。機能的で動きやすいものを選ぶが、同時にトランジットで脱ぎやすいものを選ぶと良い

レースに必要なグッズをすべて収納できる。大会会場にバイクで乗り入れるときに、トライバッグだけを背負っていけるので便利だ

ACCESSORIES

アクセサリー

胸部に装着して心拍数を計測する心拍ベルト。最新型はメモリチップを採用してデータを記憶し、水中でも使用できる

スマートフォンの専用無料アプリをダウンロードすれば、記録したデータを瞬時に転送・保管し、閲覧や分析が可能だ

3種目で使用するためにも高い防水性は必須。GPSや心拍数計測機能があると、より効果的なトレーニングが可能になる

TRAINING OF TRIATHLON

PART 2

体の基礎作り「ストレッチ＆スイッチトレ！」

PART 2
体の基礎作り

▼基本姿勢／骨盤の使い分け

自分が移動するスイム・バイク・ランは骨盤の向きが重要

体を効率よく前に運ぶために骨盤を使い分ける

まずは正しい立ち方を確認します。体幹を意識したこの姿勢がすべてのトレーニングの出発点になります。

その上でポイントになるのは、スイム、バイク、ランで、骨盤の使い方がそれぞれ異なるということ。スイムは骨盤の傾きをフラットにし、ランでは前傾、バイクでは後傾(立てる)させます。すべては効率よく体を運ぶためです。**肩甲骨と連動させることで体幹主導の動きができるので、それぞれの違いをしっかり理解**してください。

正しく立つ(基本姿勢)

背筋を伸ばし、視線はまっすぐ前に向ける。胸を開き、肩の力は抜きながら肩甲骨を背中の中央に寄せる

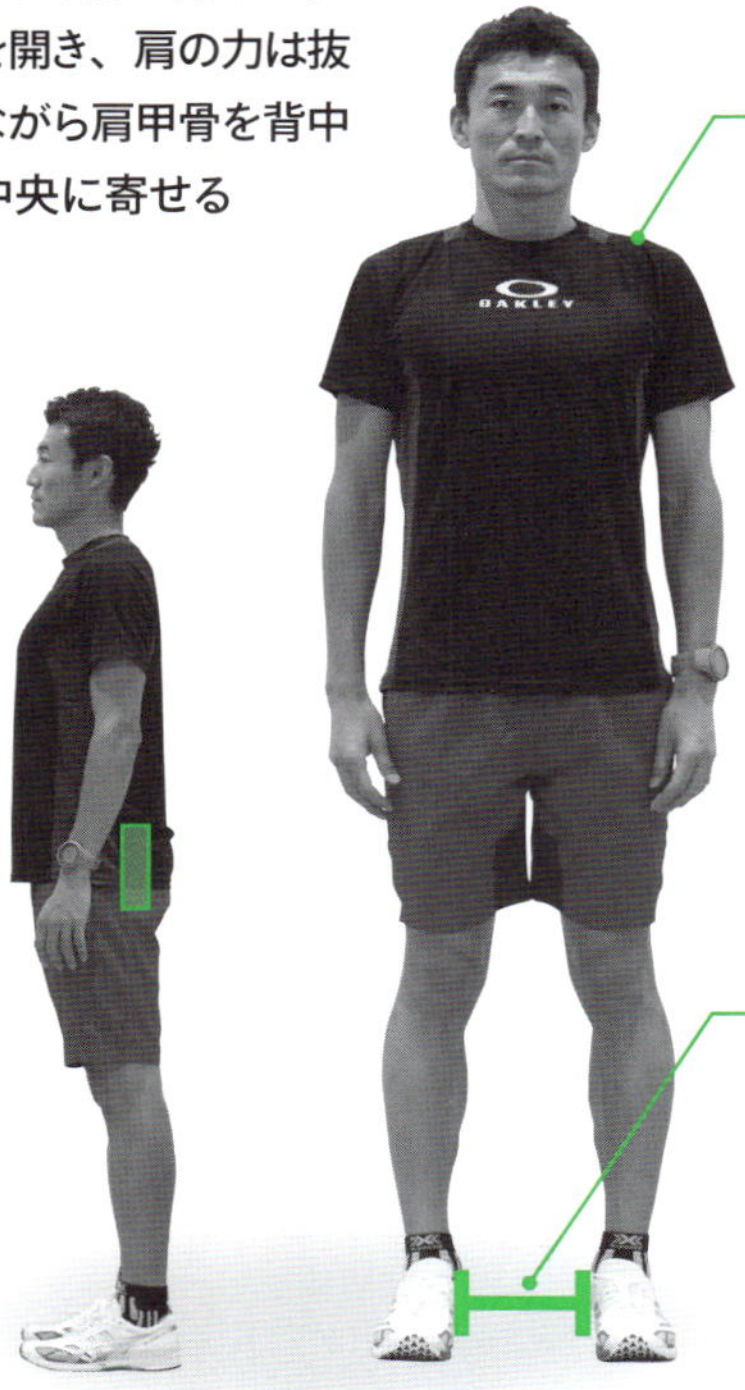

バンザイをして握った棒を首の後ろに持ってくるように腕を引くと、胸が開いた状態になる

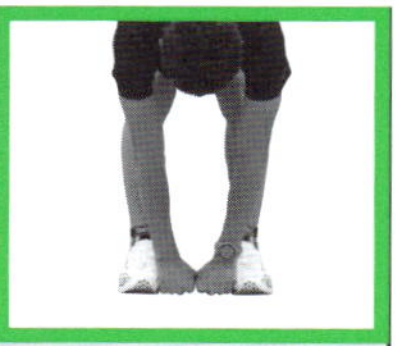

足の幅は拳2つ分の広さに開き、つま先はまっすぐ前に向ける

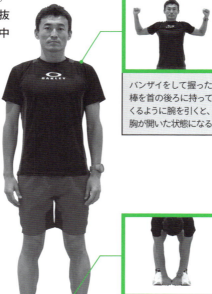

骨盤の使い分け

スイム、バイク、ランでは、骨盤の使い方がそれぞれ異なる。骨盤を正しく使えないと、体を効率よく前に運べない。

骨盤を前傾

RUN

ランでは骨盤を前傾させる。これにより肩甲骨を起点に腕を後方に引くことと連動し、脚が自然に前に出るようになり、体がスムーズに運ばれる

骨盤をフラット

SWIM

スイムではできるだけ水の抵抗を受けないために、体を一直線にするストリームラインを作る。このとき、骨盤は傾けず、フラットな向きにしておく

骨盤を立てる(後傾)

BIKE

バイクでは骨盤を背骨に対して後傾させるようにして立てておく。これにより背中が丸まって風の抵抗を減らし、ペダルを引くという動作がやりやすくなる

▼青山式ストレッチ

体の柔軟性を高めれば競技パフォーマンスが向上する

ウォーミングアップで使い怪我のリスクを軽減する

32ページで「３Ｓ」ストレッチ→スイッチ→ストレングス」の順で行うことで、大きなトレーニング効果を得られると述べました。

ストレッチは筋肉の可動域を広げたり、筋肉の温度を高め、走ったり泳いだりするパフォーマンスを向上させます。運動前のウォーミングアップとして行えば故障のリスクを抑え、運動後のクールダウンで行えば翌日に疲労が残りにくくなります。また、肩こりや冷え症の解消にも効果的です。

ストレッチの際は、呼吸を止めずにリラックスして行うこと、伸ばしている箇所を意識すること、静的ストレッチは20秒以上伸ばすこと、痛みを感じるまで伸ばさないことを心がけてください。体が硬い方は無理をせず、できる範囲までで構いません。**1日トータルがわずか10分でも、継続することで次第に柔軟性が増していることを実感できる**はずです。

ストレッチは自宅や日常生活のちょっとした空き時間にできるものが多くあります。入浴後の体が温まった時間帯に行うと柔軟性が増してベストです。

ワンポイント Memo

筋肉が伸びない体はスイッチが入らず体幹を使えない

<ストレッチ→スイッチ→ストレングス>の「３Ｓ」は、筋肉を伸ばし、刺激を入れ、体幹を使うということです。言い換えれば、筋肉が伸びない体はスイッチが入らず、体幹を使えません。それは正しく走れない、泳げない、バイクに乗れないということを意味します。ストレッチによって筋肉を伸ばしておくことが、すべてのトレーニングの大前提になるわけです。

青山式ストレッチの効果

- 関節の可動域を広げる
- 筋肉組織間のストレスが軽減され、体が故障しにくくなる
- トレーニング後の疲労物質を体内から排出し、疲れを残さない
- 筋肉の温度が上がり、コリや冷え症が解消される
- 気分がリラックスできる
- 体の脂肪が燃えやすくなる

ストレッチ効果をさらに上げるコツ

コツ1

「自分は体が硬い」と思わない

硬いと思いながらのストレッチでは、無意識のうちに体にブレーキをかけてしまう。心と体は密接な関係があるので、ポジティブなイメージを持ちながら行おう

コツ2

意識すべき部位に手で触れてみる

伸ばしたい箇所を意識するのが難しい場合は、その部位を実際に触れてみるといい。動き方によっては触れられないストレッチもあるが、そういうときは事前にポンポンと触れてから始めてみる

コツ3

お風呂上がりのタイミングで行う

心身ともにリラックスし、体が温まっているときが、ストレッチを行うには絶好のタイミング。大きく息を吸ってゆっくり吐くという深い呼吸をしながら、柔軟性を高めていく

▼マストストレッチ①

体の柔軟性を高めて様々な動きの準備を行う

MUST STRETCH 01

肩周り・胸

20秒間静止

まっすぐに立った状態から壁に両手をつき、頭をわずか内側に入れる。大胸筋と三角筋の前部を伸ばす。胸板を意識して行う

コツ
背中のラインをまっすぐにキープする

MUST STRETCH 02

胸

左右各20秒間静止

まっすぐに立った状態からヒジを曲げずに片手を壁につけて、視線を前方に向け、しっかりと胸を張る。壁に手をついた側の足を一歩前に出して20秒間静止。逆側も行う

コツ
手をつく位置を変えて行うと、異なった方向に胸の筋肉を伸ばせる

PART 2
体の基礎作り「ストレッチ&スイッチトレ!」

MUST STRETCH 03

胸・肩前

20秒間静止

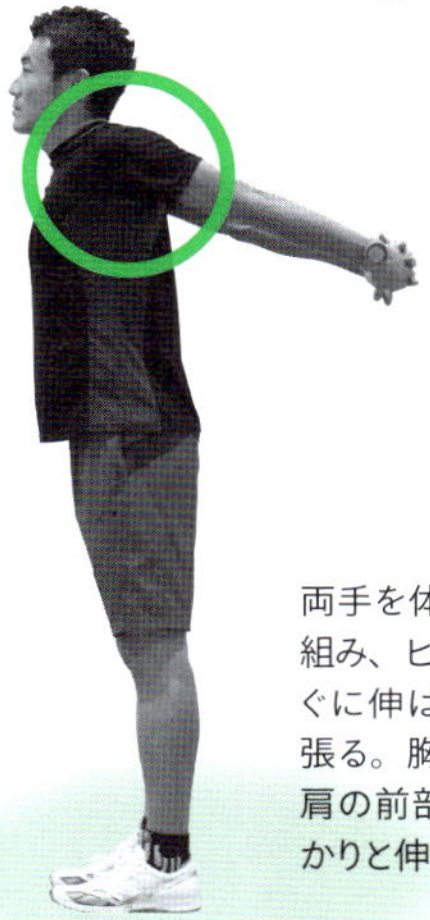

両手を体の後方で組み、ヒジをまっすぐに伸ばして胸を張る。胸を中心に肩の前部分がしっかりと伸びる

MUST STRETCH 04

胸・肩前・腰

20秒間静止

03の状態から上体をゆっくり前へ倒していく。胸と肩の前部分に加えて腰も伸びる。倒したところで20秒間静止

MUST STRETCH 05

肩周り

左右各20秒間静止

頭の後ろで左ヒジを右手で横へ引く。上体を左右に傾けたりせず、体の軸を保ちながら20秒間静止。逆側も行う

MUST STRETCH 06

肩甲骨周り

左右各20秒間静止

背筋を伸ばしてまっすぐ立ち、右手を後ろに回して左手で右ヒジを引く。逆側も行う

MUST STRETCH 07

肩周り

左右各20秒間静止

ヒジを伸ばしたまま右腕を肩のラインまで真横に上げ、クロスさせた左腕で引き寄せる。逆側も行う

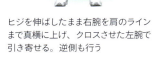

MUST STRETCH 08

首横

左右各20秒間静止

手を頭に置き、手の動きに導かれるように頭部を横に傾け、首横の筋肉を伸ばす。逆側も行う

MUST STRETCH 09

首後

20秒間静止

両手で後頭部を抱えて前に倒し、首の後ろ側の筋肉を伸ばす。手で頭部を強く引きすぎないように注意

MUST STRETCH 10

首前

20秒間静止

脇をしめて手のひらを合わせた両手で、あごを押し上げるようにして首の前側の筋肉を伸ばす

MUST STRETCH 11

ふくらはぎ・下側

左右各20秒間静止

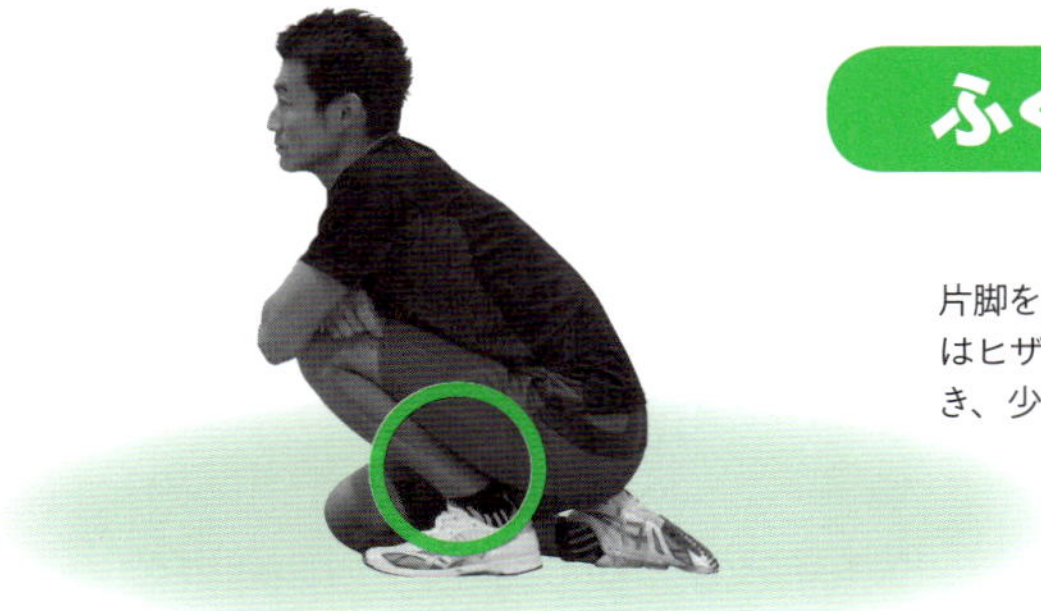

片脚を正座と同じようにたたみ、もう一方の脚はヒザを立てる。立てたヒザの上に両手を置き、少しずつ体重をかけていく。逆側も行う

MUST STRETCH 12

ふくらはぎ・上側

左右各20秒間静止

両手両足を地面につけた姿勢から、右脚の甲を左脚のかかとに乗せる。左脚のカカトはしっかりと地面につけておく。逆側も行う

MUST STRETCH 13

太もも前面

左右各20秒間静止

左脚を折りたたんで座り、左手で右ヒザをつかんで後方に押す。左太ももの前面が伸びていることを感じる。逆の脚も同様に行う

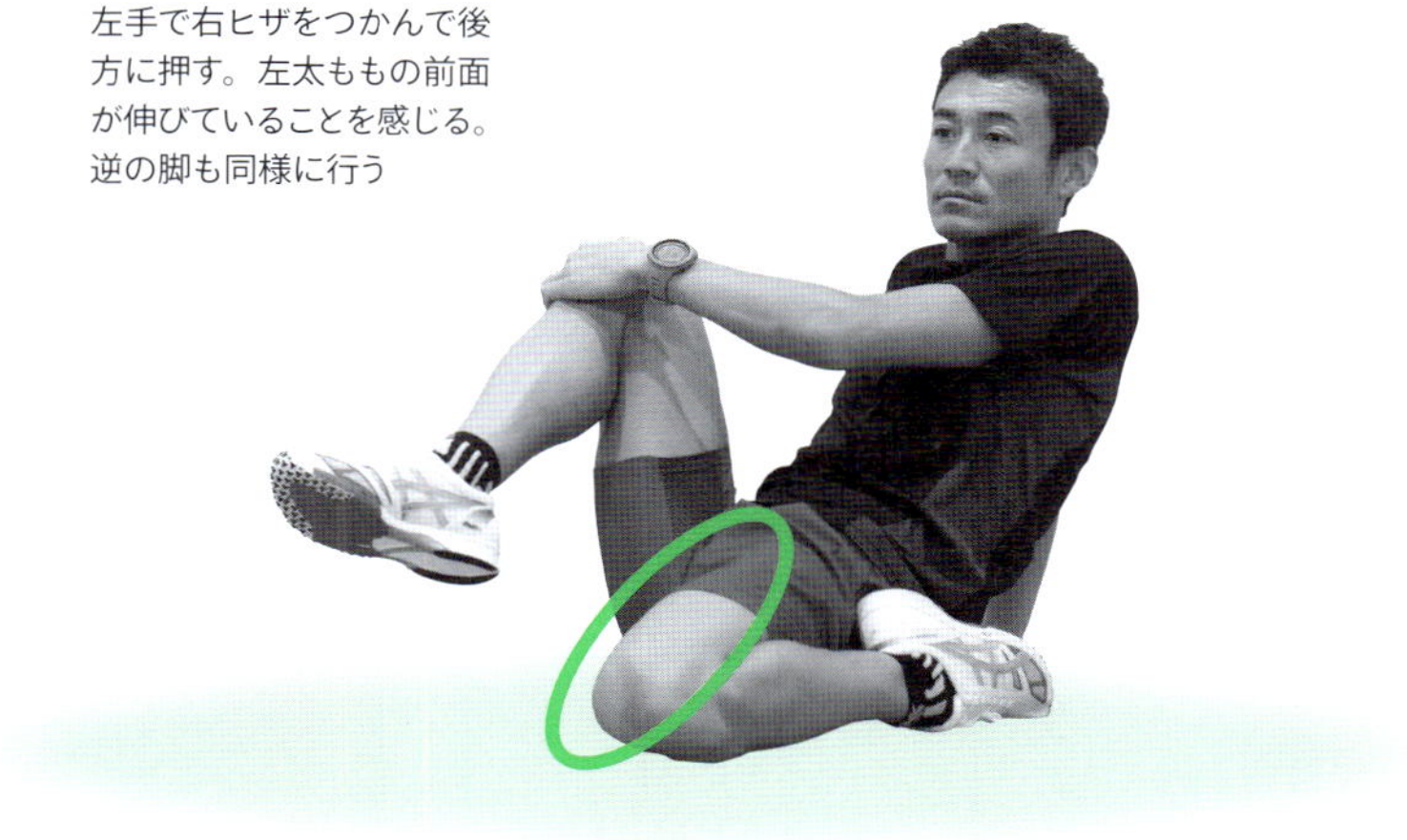

MUST STRETCH 14

太もも後面

左右各20秒間静止

左脚を内側に折りたたみ、右脚を伸ばす。左手は左ヒザの上に置き、右手はつま先をつかみながら胸を右ヒザに近づけていく。逆側も行う

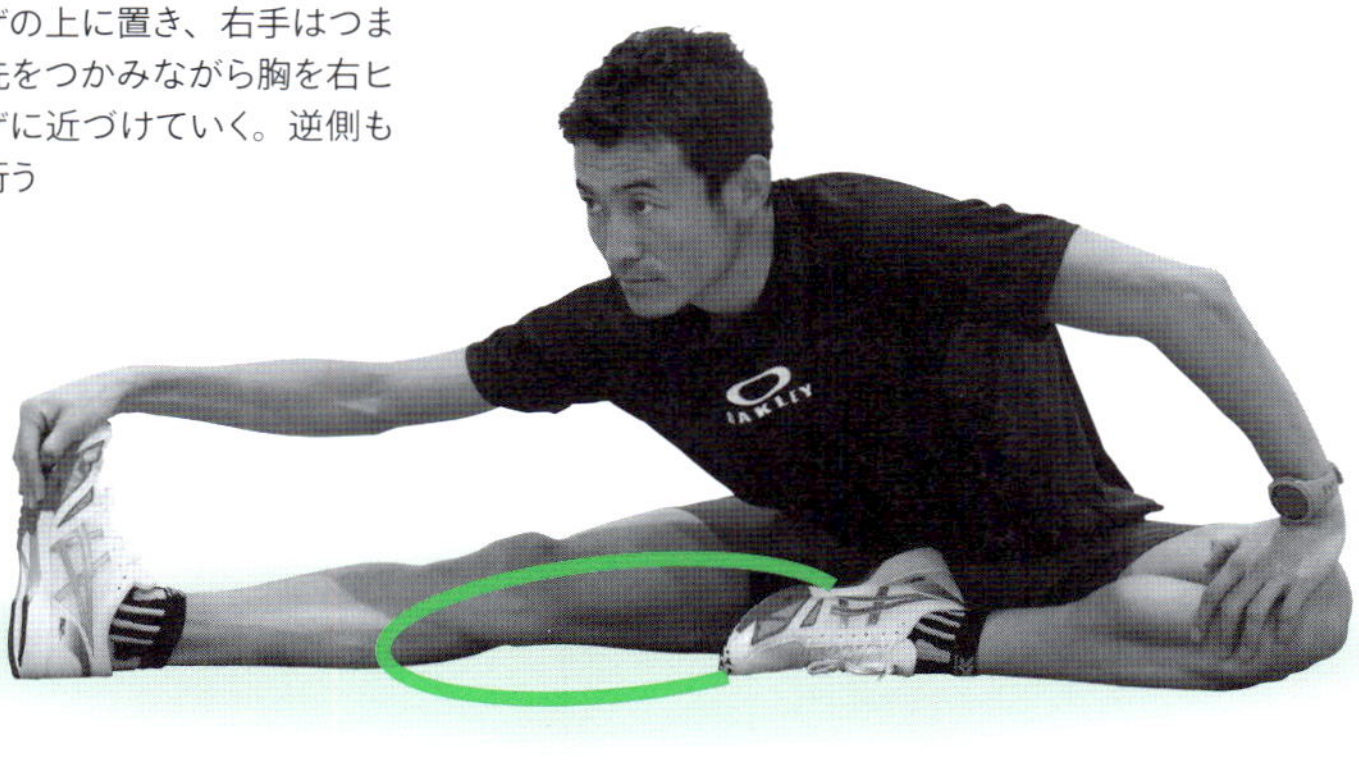

MUST STRETCH 15

太もも内側・肩

20秒間静止

足の裏を合わせて、その部分を両手で持ち、わずかに引き上げる。背筋を伸ばして正面を向くことで、首や背中も複合的に伸びる

MUST STRETCH 16

太もも内側・腰

20秒間静止

15の状態から脚を少し前に出し、ヒジを床に近づけながら上体を前に倒していく。背中を丸めて上体を倒すことで腰まわりも気持ちよく伸びる

MUST STRETCH 17

太もも内側

20回上下

足の裏を合わせてその部分を両手で持ち、背筋を伸ばした姿勢のまま、反動をつけてヒザを「パタ!パタ!」と上下に動かす

MUST STRETCH 18

太もも外側・お尻

左右各20秒間静止

脚を前後に開いて座り、前に出した脚は90度に曲げる。視線を前方に向けたまま、胸、あごを前に出すと、前脚のつけ根近くから太ももの外側にかけての部位が伸びる。逆側も行う

MUST STRETCH 19

股関節

左右各20秒間静止

脚を前後に大きく広げ、前に出したヒザに手を置く。視線は真正面に向け、胸をしっかり開いて腰を落としていく。逆側も同様に行う

MUST STRETCH 20

腰

左右各20秒間静止

地面に座り、左脚のヒザを立てて右脚をまたがせる。左手は後方につき、右ヒジで左ヒザを押す。腰をひねりながら顔を後ろに向ける。逆側も行う

▼青山式スイッチトレ

体幹を使って動けるように 体幹に「スイッチ」を入れる

「スイッチ」を毎日行えば トライアスロンは必ず上達する

ストレッチで体の柔軟性が高まったら、次に行うのは「3S」の2番目のスイッチトレーニングです。**スイッチとは、走ったり泳いだりする際に使う筋肉にあらかじめ刺激を入れておく**こと。体幹に電源を入れるという意味でスイッチと名づけました。

このパートで紹介するラン、スイム、バイクの3種目に共通の「マストスイッチ」と、種目ごとに行ってほしいスイッチを正しくマスターして習慣づけると、自然と正しいフォームが身についています。また、体幹にスイッチが入れば、体全体が連動し、腕や脚にかかる負担を分散させることができます。つまり、ランもスイムもバイクもラクにできるということです。

今回紹介するスイッチの中で、少し難しいとか、うまくできないというスイッチがいくつかあるかもしれません。それがその人の弱点であり、逆に言えば、レベルアップする可能性を秘めた伸びしろでもあります。トレーニングの時間が取れないときや、体を動かすのが大変な夏場などには、ストレッチとともにスイッチを行うだけも大きな効果があります。

ワンポイント Memo

腕や脚をいかに節約して 体幹主導で動けるかが大事

簡単に言うと、スイムはいかに腕を節約できるか、ランとバイクはいかに脚を節約できるか。これが青山メソッドの“体幹トライアスロン”です。

腕や脚は疲れやすい部位ですが、体幹は疲れにくいので、体幹主導で３種目ができるようになると、トライアスロンの真の上達につながります。

スイッチトレーニングの効果

- 使用する筋肉（とくに体幹）を刺激することで、動かすべきところが動くようになる
- 体の悪いクセが改善され、自然と正しいフォームが身につく
- 効率よく体やバイクを前方向に運ぶことができる
- 体にかかる負担を軽減する

スイッチトレーニングのメリット

メリット1

体幹だけでなく頭にスイッチが入る

体の細かい部分を意識し、体の仕組みの理解も深まる。その結果、体調の変化に気づきやすくなり、不調に早めに対処できる

メリット2

パフォーマンスが上がるのでポジティブになれる

姿勢がよくなり、気分もさわやかに。レースやトレーニングのパフォーマンスも上がり、トライアスロンがより楽しく感じられポジティブな心を持てる

メリット3

シェイプアップ効果があるのでトライアスリートの体になれる

体の脂肪が燃焼しやすい状態になるため、ダイエットやシェイプアップにもつながる。理想的なトライアスリートの体が手に入る

▼3種目共通マストスイッチ①

トライアスロンのフォーム作りに必要な体幹の主要筋肉に刺激を入れる

MUST SWITCH 01

上体起こし腹筋

SWITCHの効果 正しい姿勢のキープ力アップと、上半身と下半身の連動力がアップする!

回数 10回

1 仰向けに寝て、両ヒザを曲げ、足の裏を地面につける。脚の開きは肩幅。手を太ももの前面に置いてからスタート

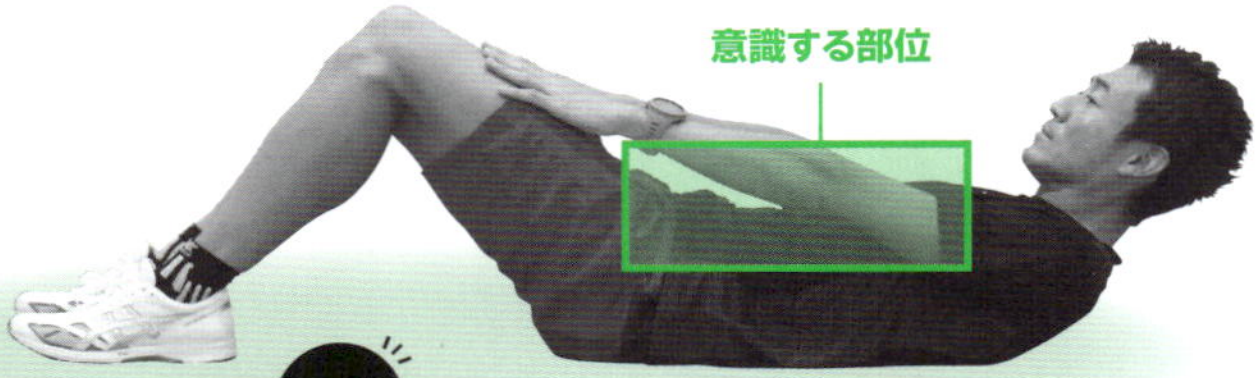

コツ

頭を少し浮かせた状態で腹筋を意識しながら行うと、腹直筋に刺激が入る

★ VARIATION 01

できるようになったら手を胸の前でクロスさせてトライしよう。負荷が大きくなっていることを感じるはずだ

★ VARIATION 02

さらにレベルアップしたい人は、手を頭の後ろに組んで行う。胸の前で手をクロスさせるよりも負荷が大きい

PART 2 体の基礎作り「ストレッチ&スイッチトレ!」

2 ゆっくりと1から8までカウントしながら等速で上体を上げていく。この時、勢いや反動をつけていっきに起き上がらないよう注意する

コツ

腹筋が弱くてできない人は、腰の下に丸めたタオルやクッションを敷くと、上体を起こしやすい

コツ

上体を倒すときもゆっくりと等速で。足の裏を浮かせない

3 ゆっくりと4まで数えながら下ろし、頭を床につけないで、背中を丸めて再び上げていく。上体を上げて下ろすまでの一連の動きを行う

MUST SWITCH 02

お尻背筋

SWITCHの効果 お尻を使って、体を前に運べるようになる!

回数 20回

うつ伏せに寝て、顔の下に重ねた両手の上に、あごを引いて乗せる。あごを上げていると、お尻の筋肉にスイッチが入りづらくなる

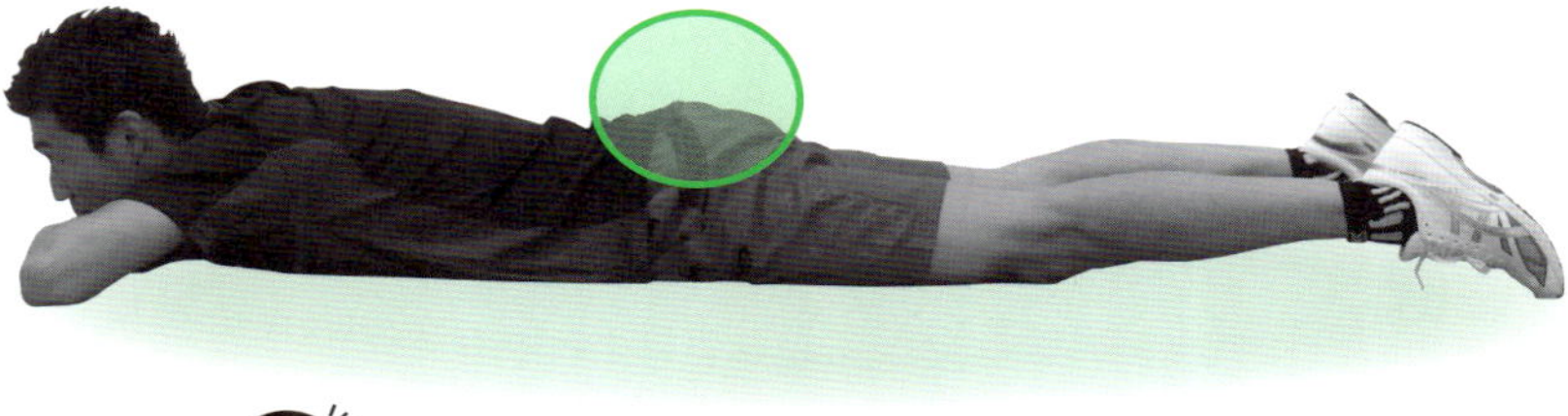

コツ

お尻に指を当て、その指を押し返すようにすると、お尻に力が入る状態を確認しやすい

全身の力を抜いてリラックスした状態から、「お尻にグッと力を入れることで脚が上がる」「力を抜くと、脚が下りる」という動きを行う。脚の筋肉で上げたり下ろしたりする運動ではないことを理解しよう

力を入れて足を上げる!!

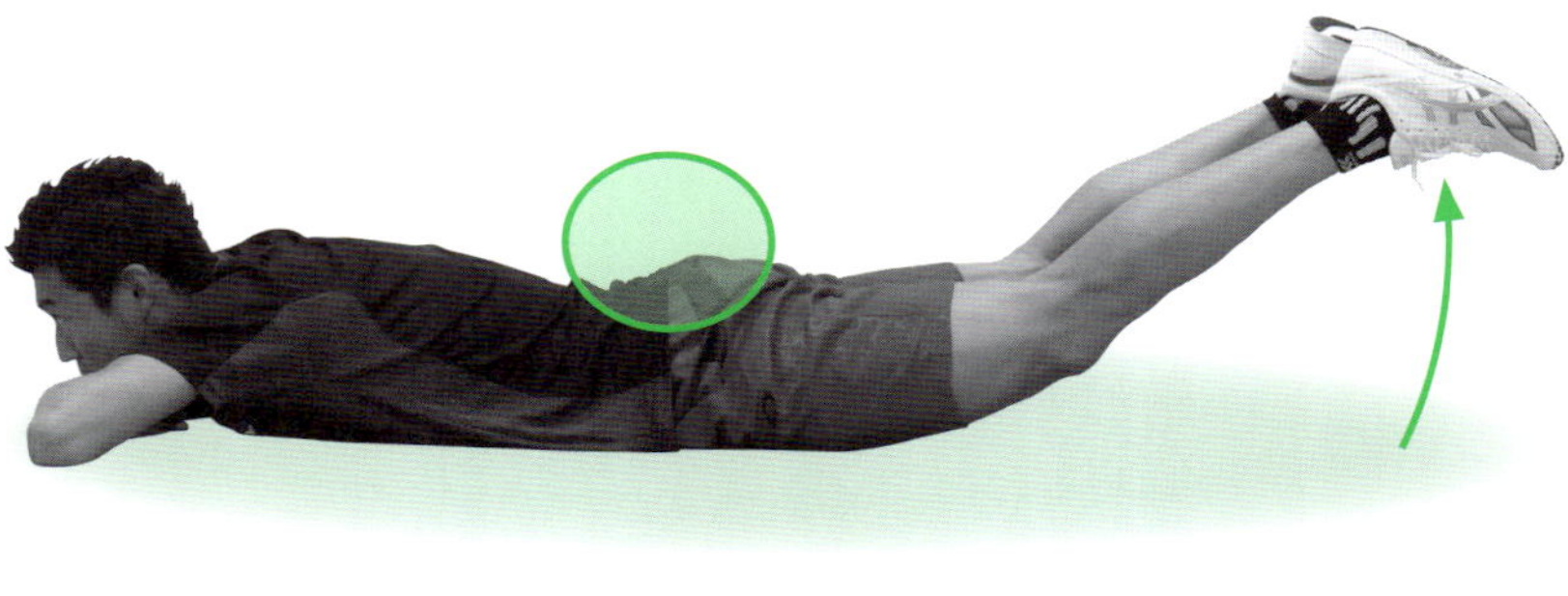

MUST SWITCH 03

足上げ腹筋

SWITCHの効果 動作のテンポが上がりやすくなる!

回数 20回

仰向けに寝て、下腹に意識を置き、両手で頭を抱える。頭を地面につけると、背中が反り、腰痛の原因にもなりかねないので注意しよう

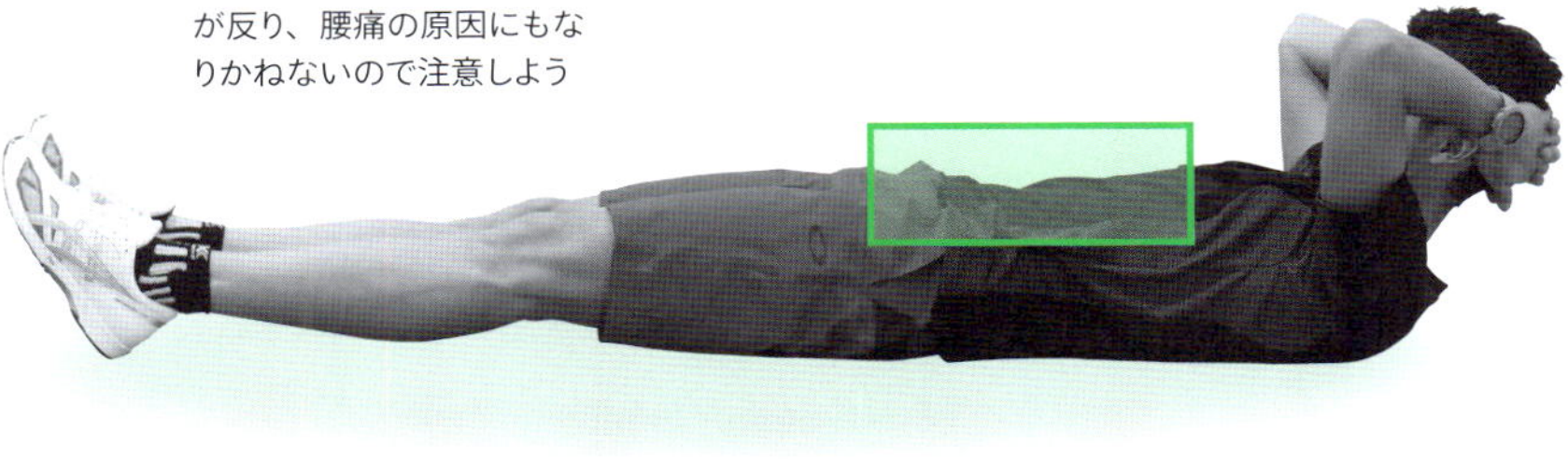

力を入れて足を上げる!!

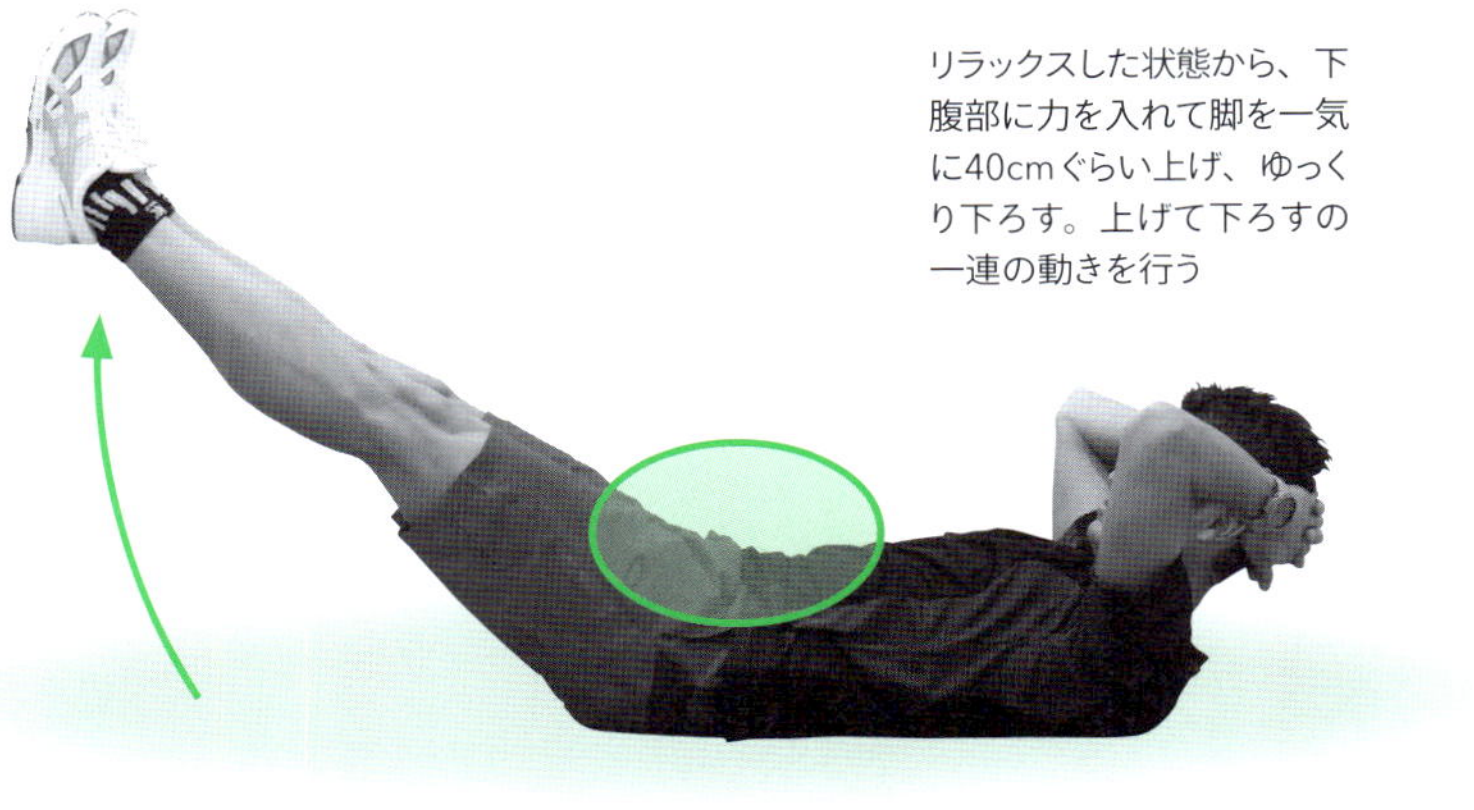

リラックスした状態から、下腹部に力を入れて脚を一気に40cmぐらい上げ、ゆっくり下ろす。上げて下ろすの一連の動きを行う

コツ

下腹部に指を当て脚を上げた時に指をクッと押し返すようにすると感覚をつかみやすい

MUST SWITCH 04

腰上げ腹筋

SWITCHの効果
ラン▶ストライドが広がる!
スイム・バイク▶キックや引き足がスムーズになる!

回数 20回

仰向けに寝て、両手で頭を抱え、太ももを真上に上げて、ヒザを90度に曲げる。ここではまだ力を入れず、脚はブラブラとリラックスさせておく

コツ

感覚がつかめない人は、両手を体の横に置き、地面を押すようにして腰を上げてもよい

下腹部に力を入れ、反動をつけずに腰を浮かせると腸腰筋にスイッチが入る。ヒザを伸ばしたり、脚の反動を利用しないこと

MUST SWITCH 05

片手片足背筋

SWITCHの効果 大事な体の裏側のトータルスイッチが入る!

回数 左右各10回 ▶5秒静止

四つんばいになり、顔を正面に向け、両手は肩の真下に、両ヒザは骨盤の真下につく。背中を丸めながら、右腕と左脚をひきつけ、ヒジとヒザが近づいたところでピタッと止める

コツ
腕や脚の筋肉を使わない。ふらつかずに静止できたらスイッチが入った状態と言える

肩甲骨から動かすように右腕をできるだけ前方に伸ばし、同時にお尻に力を入れることで左脚を後方に伸ばす。引きつけと伸ばす一連の動きを10回繰り返し、最後に伸ばしたポーズで5秒間静止する。左腕と右脚も同じように行う

肩甲骨寄せ離し

SWITCHの効果 肩甲骨と骨盤の連動を高める!

回数 20回

四つんばいの姿勢から肩甲骨を背中の中心に寄せながら、おしりを突き出して骨盤を前傾させる。背中は反った状態になる

コツ

四つんばいは、両手を肩幅よりやや広めにつき、顔は正面に向けておく

お腹を見るようにあごを引きながら、肩甲骨を左右に離す。背中を丸め、アーチを描く形にする。肩甲骨の「寄せる」「離す」の一連の動きを行う

TRAINING OF TRIATHLON

PART 3

3種目のベース「ラントレ!」

▼ラントレーニングの考え方

正しくランパフォーマンスを伸ばせばスイム、バイクにも生きてくる

すべての基礎作りはランを強化することから

ラントレーニングで最初にするべきことは、効率よく走れるフォームを身につけることです。この段階でつまずいてしまうと、タイムが伸びないだけでなく、ケガや体の痛みを引き起こしてしまいます。

ただ、走る前にストレッチとスイッチをしっかり行えば、自然と正しいフォームが身につきますから、それほど心配することはありません。

実際に走るトレーニングでは、オーソドックスなジョギングやLSD（89

ねらい

- 正しいフォームを身につける
- ジョギングなどで土台を作る
- 質の高いメニューでスピードを強化

➔ トレーニングポイント

Point 1
ストレッチやスイッチをしっかりと行い、効率のよい走り方を習得する

Point 2
目的を考えてトレーニングメニューを組む

ページ参照）など、**長くゆっくり走るメニューでスタミナを養い、いわゆる基礎作りを行います。**そうして土台が固まってから、インターバル走やビルドアップといった強度の高いメニューでスピードを磨いていきます。スピード練習は体への負担が大きいので、週に何度もできませんが、スタミナ強化は継続して行うのがポイントです。

　このパートで紹介している以外にも、時間を決めてひたすら往復する坂道走や、不整地を入ることで柔軟な筋肉を作るクロスカントリー、一定ペースで走ってレース感覚を養うペース走といったメニューがあります。刺激を入れたり、気分転換の目的で取り入れてもいいでしょう。レースが近づいてきたら練習の量や時間を減らし、疲労を抜くことを優先させます。

ランニングのトレーニング公式

P ▶ **パフォーマンス**

- 5級　5km 30分
- 4級　5km 25分
- 3級　5km 22分30秒
- 2級　5km 20分
- 1級　5km 19分以上

＝

A ▶ **正しい動き方**

- マストストレッチ
- マストスイッチ
- ランスイッチ

×

B ▶ **練習メニュー・練習量**

- ジョギング
- LSD
- 快調走
- ビルドアップ
- インターバル走
- タイムトライアル

など

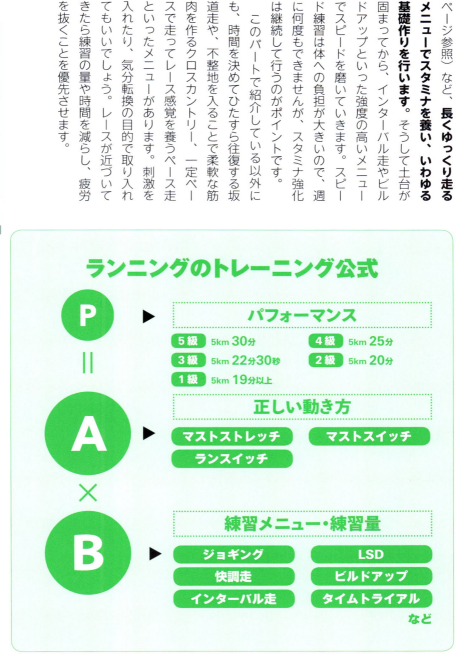

▼ランニングの基本フォーム

フォームで意識するのは 腕と体幹と足の着く位置

脚を前に送るのではなく 後ろに出た脚を真下に戻す

これから紹介するスイッチをしっかり行えば、正しいフォームが身についています。したがってランニング中は、フォームを意識しすぎないことが大切です。もし気になる場合は、次の3点だけを確認してみましょう。

①腕を低い位置で後ろに引けているか
②体幹をやや前傾できているか
③足を体の真下に置けているか

走りとは、脚を前に送るのではなく、「後ろに残った脚を真下に戻す」ことの繰り返しだと意識してください。

腕

❶腕を低い位置で後ろに引く
❷体幹を前傾させる
❸足を体の真下に置く

❶▶❷▶❸は連動していることを感じて走ろう

両ヒジを軽く曲げ、後方に大きく引く。疲れてくると肩が上がりやすくなるので、ヒジを下げるようにする

ワンポイント Memo

正しいフォームの基礎をウォーキングで習得する

走るには疲れが残っていたり、気分転換をしたいときはウォーキングがおすすめです。ウォーキングのポイントは、ランのそれとほとんど変わりません。目線をまっすぐ前方に向け、ヒジを軽く曲げて三角形を作り、腕をしっかり後方に引きます。そして、体の真下に足を着地させるだけです。

ウォーキングは走るより体にかかる負担が小さく、正しいフォームの習得や走り込むための体作りにも適しています。また、練習前のウォーミングアップやクーリングダウンとしても有効です。ランニングにより近づけたいなら、「ブリスクウォーキング」と呼ばれる早歩きにトライしてみてください。このとき、脚でピッチを上げるのではなく、腕を大きく速く引くことを心がければ、脚が勝手に動く感覚が得られます。

足

体の真下の意識で着地する。体より前の位置に足を着く意識だと、体幹を使った効率的な走りにならない

体幹

骨盤を前傾させることで体幹も前傾させる。走る速度を上げるには前傾角度を少し深くすればよい

PART 3
ラントレ

▼ランスイッチ①

カカト上げとヒザ曲げで体幹力を引き出す

カカト上げ

拇指球にしっかりと体重を乗せるクセをつけるのが狙い。しっかり乗らなければ体幹力が地面に伝わらない。靴の上から拇指球の部位を突いてから行うと効果的だ。

P＝A×B

回数 30回

コツ
両足を平行にしてしっかりと「拇指球に」体重を乗せる

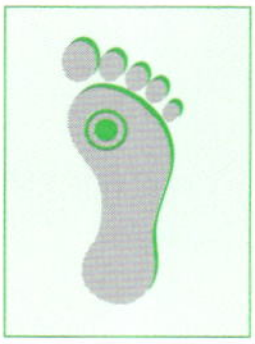

姿勢よく立ち、ヒザを伸ばしたまま、カカトの上げ下ろしをゆっくりと繰り返す

カカトの上げる高さは3cmぐらい。視線は前方を向けたまま、途中で下を見ない

下を見たときに、つま先をヒザが隠すような感じになっていればOK

背筋を伸ばしてまっすぐ立った状態からヒザを曲げて腰を落とす

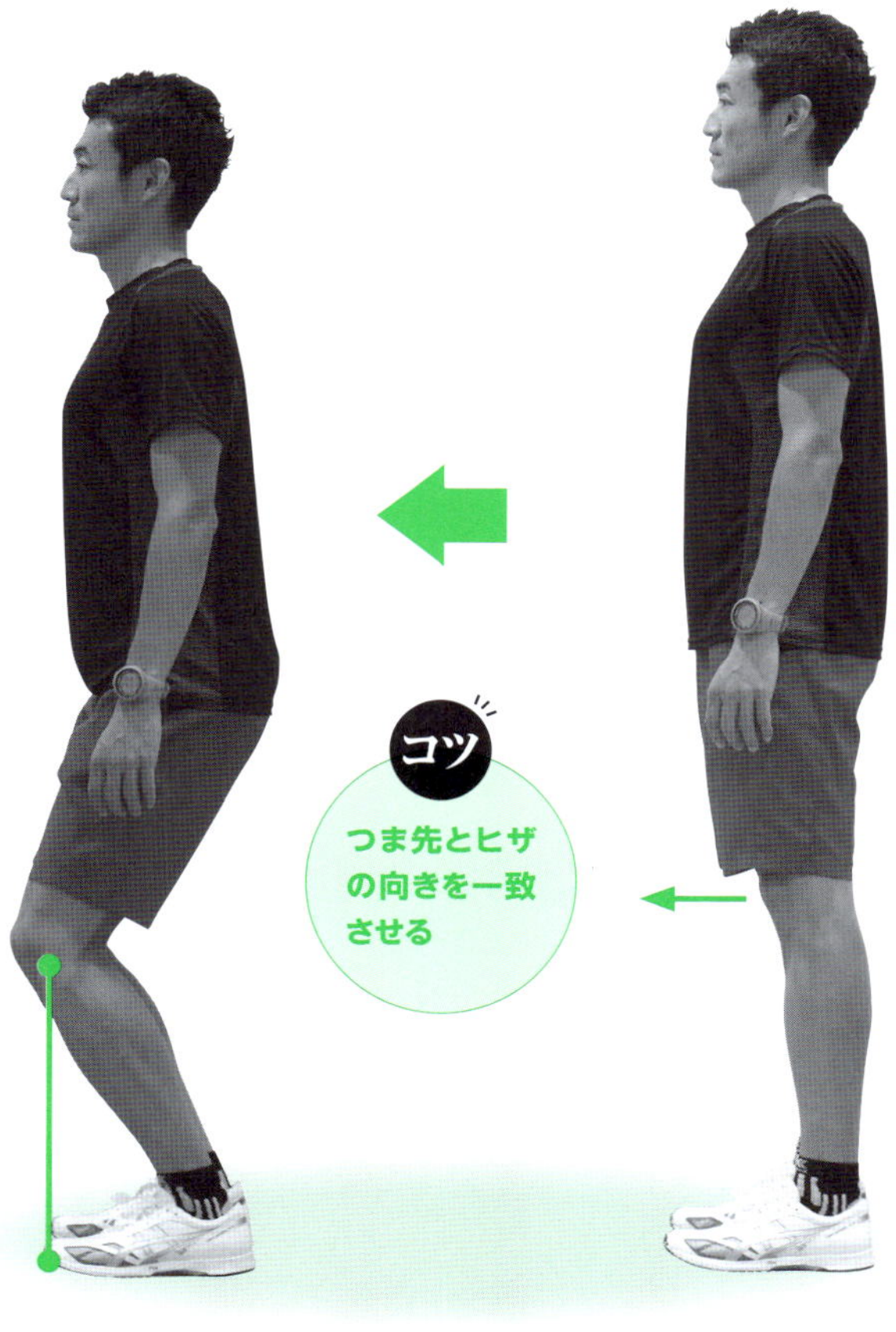
コツ
つま先とヒザの向きを一致させる

RUNNING SWITCH 02

ヒザ曲げスクワット

ヒザの出る向きとつま先の向きを一致させるスイッチ。これが一致していないとヒザに負担がかかり、故障のリスクが高まる。ランではスムーズな重心移動が必要不可欠だ。

回数 20回

PART 3
ラントレ

▼ランスイッチ②

アクセルとなる部位と起点の肩甲骨を刺激する

RUNNING SWITCH 03

お尻突き出しスクワット

走りのメインアクセルとなるお尻の下の筋肉を刺激するエクササイズ。骨盤を前傾させてお尻を突き出すスイッチにより、大きな推進力を生み出すことができる。

回数 30回

コツ
背中を丸めないようにしてお尻の下に意識を置く

視線は正面に向けたまま。ヒザを前方に出さずに、屈曲箇所に小指が挟まるようにする

まっすぐに立ち、脚のつけ根に小指を当てた姿勢から、勢いよくお尻を後方に突き出す

P
=
A
×
B

背筋を伸ばしてまっすぐに立ち、「前へならえ」の姿勢からスタートする

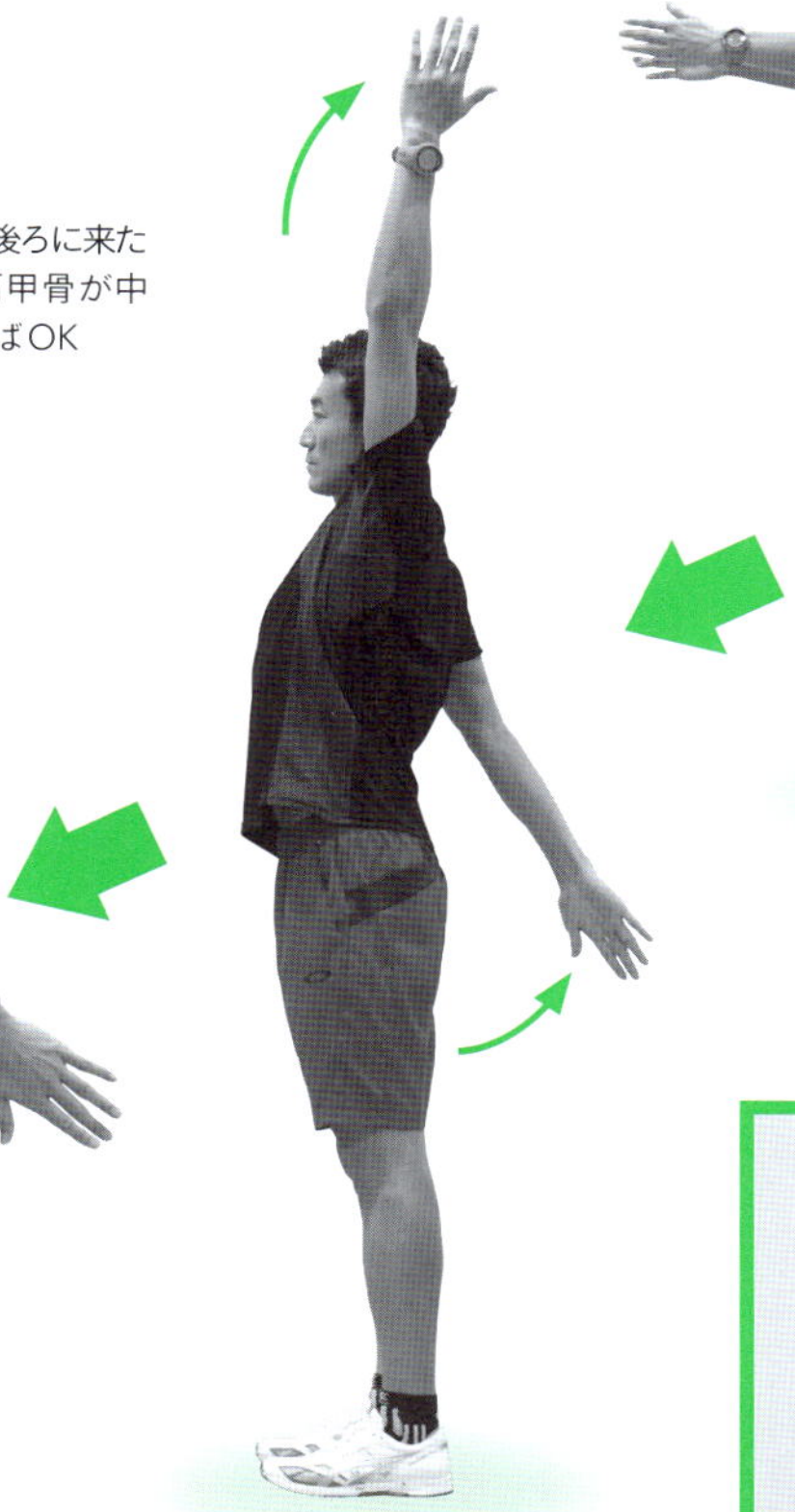

肩甲骨を寄せて離すことを意識しながら、左右の腕を伸ばしたまま交互に上げ下げする

腕が真上と斜め後ろに来たとき、左右の肩甲骨が中央にグッと寄ればOK

上げた手の親指を後方に向けて、ヒジを曲げずにまっすぐ伸ばそう

RUNNING SWITCH 04

腕前後振り

腕を引くことで肩甲骨が起点となり、骨盤や脚と連動して体幹を使った走りになる。パソコンの使用などで凝り固まりがちな肩甲骨まわりの筋肉をほぐすのが目的だ。

回数 30回

▼ランスイッチ③

上半身と下半身を連動させ踏みつけでランの準備確認をする

P＝A×B

ツイスト

骨盤の動作感覚を養うことと、腕振りの位置を見つけることがツイストの目的。これによって実際に走る際、上半身と下半身を連動させ、脚への負担を軽減させる。

回数 30回

両足をそろえてまっすぐに立ち、両腕は力まない程度にヒジを曲げて腕振りの構えに

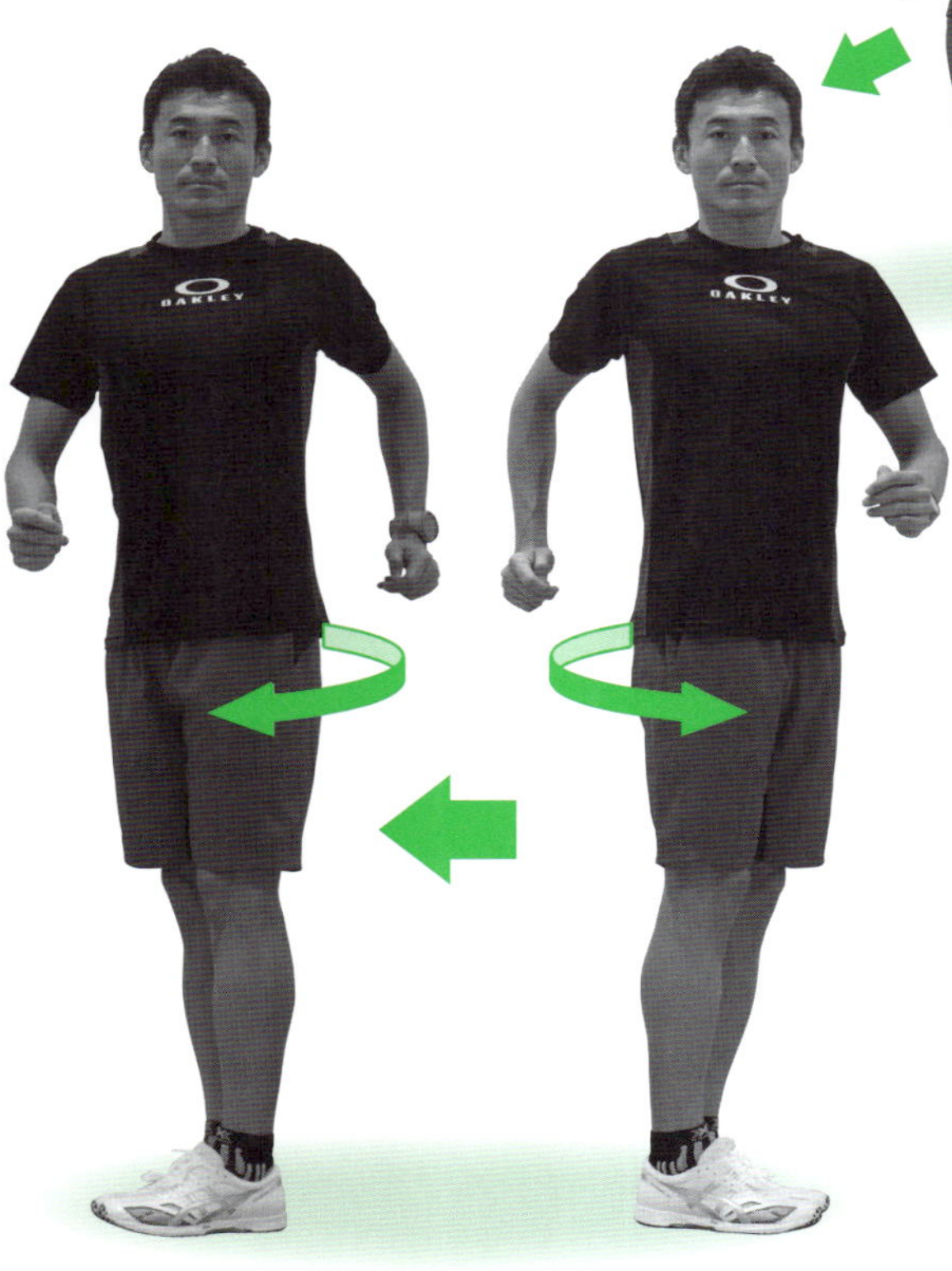

左ヒジを引き、骨盤を右にひねる。この動作をリズムよく繰り返す

右ヒジを後ろに引き、軽くジャンプしながら骨盤を左にひねる

5回叩いたら逆脚も。拇指球、腹筋、お尻に同時に力を込められていないとバランスを崩してしまう

片脚を上げた状態で、接地した足側のお腹とお尻を叩いて、筋肉が稼働していることを確認

RUNNING SWITCH 06

踏みつけ

走っている際に片足で着地した瞬間をイメージして行うのが踏みつけ。体幹を使ったランの総合的な準備確認となり、ふらつかなければスイッチが入った証拠だ。

回数 **左右各5回**

PART 3

ラントレ

▼ジョギング／LSD

もっとも基礎となるジョギングは練習の約7割を占めるほど重要

P＝A×B

ゆっくり走るLSDは体の基礎固め

ラントレーニングの核となるのが、ジョギングです。ジョグとも言い、ラントレーニング全体の約7割を占めます。速くも遅くもない快適なペースで、一定時間を走り続けるトレーニングです。簡単なようで実は奥が深く、もっとも重要なメニューです。

意識するのは、「速く」ではなく、「楽に」走ること。初心者ほど速すぎる傾向が見受けられますが、息を切らしているようでは、長く走り続けることができません。下表の適正ジョギングスピードを参考にしましょう。

LSD（ロング・スロー・ディスタンスの略）は、自分が走ることのできるもっとも遅いペースで、ゆっくり長く走るトレーニングです。ジョギングより1キロあたり30秒以上遅いペースが目安です。これにより全身の毛細血管網が発達し、体の隅々まで酸素が行き渡って、回復力とスタミナが向上します。また、脂肪燃焼効率が高まる効果もあります。

疲れづらい体が故障のリスクを軽減し、トレーニングを継続させるという意味で、LSDは体の基礎固めとも言えます。

ワンポイントMemo

レベル別の適正ジョギングスピード（目安）

5級	1km7分よりゆっくり
4級	1km6分30秒～7分30秒
3級	1km6分00秒～7分00秒
2級	1km5分30秒～6分30秒
1級	1km5分00秒～6分00秒

ジョギングトレーニングのコツ

コツ1
速くも遅くもない快適なペースで走る
感覚的には全力時の約60%のスピードで、一定時間を走り続ける

コツ2
「速く」ではなく「楽に」走ることを意識する
初心者ほど速すぎる傾向が見受けられる。息を切らしているようでは、長く走り続けられない

コツ3
距離ではなく「時間」で走る
距離を目安にすると、同じコースを走る時に「前回より速く走ろう」としてしまい、結局、楽に走れない。何分でも構わないが、コンスタントにできるようになることが大切だ

LSD（ロング・スロー・ディスタンス）

ウォーキングより速く、ジョギングより遅い、超スローなペースで走り続けるトレーニング。ジョギング同様、距離ではなく時間を目安にする。多くの効果を期待するなら最低60分。できれば90分以上がおすすめだ。

➔ トレーニングポイント

Point 1

２人以上で走るなら、会話ができるぐらいの超スローペース。息が切れるのはまだ速すぎる

Point 2

ウォーキングでスピードを徐々に上げ、これ以上歩くのは辛いから走るというのが理想

▼快調走／ビルドアップ走

気持ちよく走る快調走 ビルドアップ走で速さを磨く

P＝A×B

7割は一定ペースで走り 残り3割でペースアップ

「快調走」はテンポ走とも呼ばれ、トレーニングの強度としては、ジョギングよりも高いものになります。ただ、難しく考える必要はありません。要は、その日の体調に合わせた気持ちのいいペースで走ればいいのです。好不調によってペースが変わるため、トレーニングの状況や体調のバロメーターにもなります。練習が順調でないときに、気分転換で行うこともあります。

「ビルドアップ走」はスピード系のトレーニングです。少しきついと感じますが、レベルアップのためにもぜひ取り組んでください。やり方は、**走る全体の距離の7割を一定ペースで走り、残り3割の距離でできる限りペースを上げながらゴールします。**距離ではなく、時間で区切っても構いません。たとえば、5km25分前後の人が10kmビルドアップ走を行う場合、7kmまでは1km5分30～40秒で走り、ラスト3kmを5分20秒→5分10秒→5分00秒まで上げます。その際、アップとダウンでそれぞれ10分前後のジョギングを行いましょう。多くて週1回、月3～4回トレーニングに取り入れるだけで効果は絶大です。

ワンポイント Memo

フォーム矯正や心肺機能を刺激するウインドスプリント

ＬＳＤなどで小さくまとまってしまったフォームをダイナミックなフォームに矯正したり、心肺機能を刺激したりする「ウインドスプリント」というトレーニングもあります。通称、「流し」と呼ばれ、風に乗るように気持ちよく飛ばして走ります（全力疾走の70～80％程度のスピードで力を抜いて）。スピード練習の導入編です。ジョギングの後や強度の高いトレーニング前に行うと効果的で、100～200mを４～８本行うのが一般的です。インターバルを短くすると、それだけ負荷が高まりますが、スピードを上げてもフォームが乱れないように注意しましょう。

快調走

その日の自分が一番気持ち良く感じるペースで走るトレーニング。好不調によってペースが変わるので、トレーニングの状況や体調のバロメーターにもなる。

例 15km快調走など

➡ トレーニングポイント

Point 1

その日の体調に合わせて、自分が走りたいと思う自由なペースで走る

Point 2

練習が順調でないときに、気分転換で行うのもＯＫ

ビルドアップ走

後半にかけてスピードを上げて行く、もっとも取り組みやすいスピードトレーニング。全体距離の70%までは一定ペースで走り、後半30%の距離でスピードを上げていく。心肺機能の向上とスピードアップが目的だ。

➡ トレーニングポイント

Point 1

60分ビルドアップ走なら、残り約20分からペースをどんどん上げる

Point 2

ラスト１kmのタイムを毎回比較すると、その効果もよりわかりやすい

▼インターバル走／タイムトライアル

スピード強化のインターバル走とタイムトライアルで総仕上げ！

P＝A×B

ラントレーニングの総仕上げ 現在の自分のレベルを確認する

スピード強化の最後のメニューは、インターバル走です。これは一定距離を強度80%くらいのスピードで走ってから、止まらずにジョギングでつなぐという行程を数本繰り返すトレーニングです。スピードの強化と心肺機能の向上が目的で、疲労物質である乳酸の除去機能もアップします。

やみくもにダッシュせず、一定ペースを守って走ることが重要で、ウインドスプリントに近いダイナミックはフォームを心がけましょう。つなぎのジョギングもダラダラ走るのではなく、呼吸を整えることが肝心です。

ラントレーニングの総仕上げとして行うのが、タイムトライアルです。5㎞や10㎞を全力で走り、そのタイムを計測します。最初の段階でも自分のレベルを確認するために走りましたが、意味合いはそれと同じです。3ヶ月に1回程度、今までやってきたトレーニングの成果を試してみてください。

10㎞のタイムトライアルを行えば、レースでのタイム設定の目安にもなります。最初の2分間を抑え気味に入るのがタイムトライアルの極意です。

ワンポイントMemo

レースでのラン 10kmは自己ベストから2分以内を目指す

実際のレースではスイムとバイクの後、疲労した状態でランパートに突入します。経験が少ない人ほど、バイクからランへのトランジットあたりで脚がガクガクになっているはずですが、これは今後、トレーニングを積んでいけば、解消されていくものです。

レースでは10kmの自己ベストプラス２分以内で走り切ることを目指しましょう。ちなみにエリート選手は男子が自己ベストのプラス90秒、女子は１分以内で走ると言われています。

インターバル走

一定距離を強度80%くらいのスピードで走ってから、ゆっくりのジョギングでつなぐという行程を数本繰り返すトレーニングだ。

例 1000m × 5本（6分サークル）
1000mを4分で走り、2分間はジョギングでつなぐ。これを5回行う

➔ トレーニングポイント

Point 1
やみくもにダッシュしないこと。途中でペースが上下しないように意識し、常に一定の速度をキープ

Point 2
つなぎは呼吸を整えながら、次に備える。速く走ることと、ゆっくり走ることのメリハリをつける

タイムトライアル

一定の距離を全力で走り、そのタイムを計測する。現在の自分のレベルを確認できるとともに、目標を立てる際の指標にもなる。3ヶ月に1回ほど行うのがおすすめ。

例 5kmタイムトライアル
10kmタイムトライアル

➔ トレーニングポイント

Point 1
飛ばし過ぎて後半に失速しないように注意。最初の2分間を抑え気味に入るといい

Point 2
10kmタイムトライアルは、実際のレースを想定しながら行う

Glossary of Triathlon Terms

トライアスロン用語集 1 レース基本編

トライアスロンの大会概要やレースで使う基本用語を解説!

大会概要

■ トライアスロン
ラテン語の3を表す「トライ」と、競技を意味する「アスロン」の合成語。スイム(水泳)、バイク(自転車)、ラン(ランニング)の3種目を一人の競技者が連続して行う。1974年にアメリカのカリフォルニア州サンディエゴではじめて競技として行われた。種目をスキーやマウンテンバイクに置き換えた3種目で構成される競技(ウインタートライアスロンなど)もある。

■ デュアスロン
トライアスロンの第1種目スイムをランに置き換え、ラン・バイク・ランの2種目で行う競技。「デュ」はラテン語の2を表す。広義ではトライアスロンに含まれる。

■ アクアスロン
スイムとランで行われる競技。広義ではトライアスロンに含まれる。

■ トライアスロンディスタンス
スイム1.5km、バイク40km、ラン10kmの合計51.5kmのトライアスロンの名称。2000年のシドニー・オリンピックもこの距離で争われた。現在、世界のトライアスロンの80%強はこの距離で行われている。通称、オリンピックディスタンスと表現される。

■ アイアンマン
トライアスロンレースのうち、WTC (World Triathlon Corporation)が認めた世界で約20レース程度行われるトライアスロン大会。一般に「アイアンマンシリーズ」と呼んでいる。WTCの登録商標なので、許可なくしてレースにアイアンマンの名称は使えない。「トライアスロン=アイアンマン」というのは誤解である。距離はロングディスタンス。世界で行われる約20のレースが予選となり, 各レースの上位入賞者だけが, トライアスロンの聖地であるアイアンマンハワイ・コナ(ワールドチャンピオンシップ)に出場できる権利をもらえる。

■ アイアンマン70.3
アイアンマンレースの半分の距離で行われるアイアンマンレース。ハーフアイアンマン。距離はミドルディスタンス(SWIM 2km, BIKE 90km, RUN 21km)。70.3はこの距離をマイルにしたもの。

■ スプリントディスタンス
51.5kmの半分、25.75km(スイム0.75km、バイク20km、ラン5km)の距離のこと。ジュニア選手権、全国高校生大会などがこの距離で争われる。より距離の短いスプリントセットを繰り返すスーパースプリントという競技もある。距離が短くなるにつれ、さらに高いスピードが要求される。

■ カーフマン
デュアスロンの公式シリーズレース(トライアスロンでいう「アイアンマン」に相当)。カーフは「ふくらはぎ」の意味で、ラン・バイク・ランの複合競技における体の特徴としての厳しさを、痙攣するふくらはぎに例えている。

■ エクステラ
トライアスロンのオフロード版。96年にやはりハワイで誕生した。スイム1.5km+MTB30km+トレイルラン11kmで行う。大自然を相手に戦うのでトライアスロンとはまた違った魅力がある。

■ 日本トライアスロン連合(JTU)
日本のトライアスロン競技団体。1994年に日本トライアスロン連盟と日本トライアスロン協会が統合され発足。多くの大会ではJTUの登録が義務付けられている。

レース基本用語

■ エイジグループ
年齢別(5歳ごと)に競技を行い、表彰するためのグループ分けを示す。エリートの対句として、一般選手をエイジグループと呼ぶこともある。

■ エリート
トップ選手の呼称。一般選手と区別して競技をスタートすることも多い。

■ DNF
「Do Not Finsh」の意味で、未完走、リタイアを意味する。

■ マーシャル
競技全体を司る審判。競技中の不正行為を監視し、注意、警告、ペナルティを与える。競技終了後にマーシャル会議を行い、不正行為のあった選手に注意、警告、ペナルティを与えることができる。日本トライアスロン連合公認審判員の資格があり、級によって着ているベストの色が違う。大きく3種・2種・2種上級・1種に分けられ、3種がオレンジのベスト、2種がグリーンのベスト、1種が白のベストを着用し又、女性はピンクのベストを着ている。

■ リザルト
競技結果。一般にレース終了後、すべての競技者の結果(タイム等)を一覧にしたものを指す。

■ レジストレーション
選手登録のこと。バイク、バイクヘルメット、ウェットスーツなどの用具の検査も同時に行われる。

TRAINING OF TRIATHLON

PART 4

体幹を使った「スイムトレ！」

▼スイムトレーニングの考え方

疲労を残さず効率よく速く泳ぐためには 水泳の基本フォームを磨くことが重要

キックやストロークを強化し それらを最後に組み合わせる

スイムトレーニングは、何よりもまずストリームラインの姿勢を完成させることから始めます。ストリームラインとは、泳ぎにおいて人が浮きやすく、水の抵抗をできるだけ減らした水中での正しい姿勢です。これが基本中の基本となって、様々なテクニックが肉づけされていきます。

次に、「アクアウォーク」や「けのび」といった基礎メニューにより、水中で体を動かす際の感覚を身につけます。**基礎メニューは面白味が少なく、**

ねらい

- ストリームラインを完成させる
- キックやストロークを分けて強化
- プールで身につけた技術を海でもできるようにする

➡ トレーニングポイント

Point 1
ストレッチやスイッチ、そしてドリルをしっかりと行い、効率のよい泳ぎ方を習得する

Point 2
目的を考えてトレーニングメニューを組む

Point 3
海でも安定して泳げるテクニックを身につける

省いてしまう方が多いのですが、スイムのレベルを引き上げるためには避けては通れないものです。確実に行うようにしてください。

泳ぎとは、体幹を軸に腕や脚が連動して体が前に運ばれるという仕組みですが、トレーニングの初期段階ではキックとストロークを分け、様々なドリルで正しい動き方を習得します。その後に、長く泳いでスタミナを養ったり、強度の高いメニューでスピードを磨いたりします。

レースへの参加が決まっていたら、ウエットスーツを着用し、海での泳ぎ方を事前に経験しておきたいところです。プールでは体感できない点を知っておくと、ずいぶんと安心感を持ってレースに臨めるはずです。

スイムのトレーニング公式

P ▶ **パフォーマンス**

- 5級 200m 5分
- 4級 400m 8分
- 3級 400m 7分
- 2級 400m 6分
- 1級 400m 5分30秒以上

＝

A ▶ **正しい動き方**

- マストストレッチ
- マストスイッチ
- スイムスイッチ

×

B ▶ **練習メニュー・練習量**

- 基本フォーム・ストリームライン姿勢を身につける
- 姿勢作りドリル
- キック習得ドリル
- ストローク習得ドリル
- タイムトライアル

など

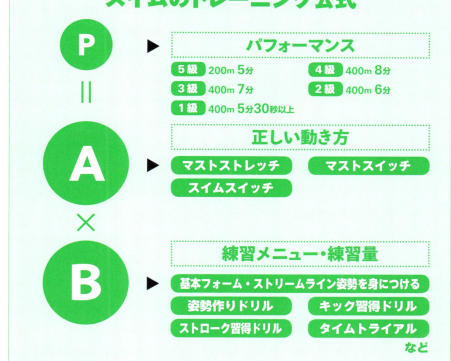

▼スイムの基本フォーム

クロールは正しい姿勢とキック、ストロークで構成される

水の抵抗を少なくし前方向への推進力を作る

トライアスロンのスイムでは、クロールの泳法を用いるのが一般的です。そのフォームでもっとも重要なのは、ストリームライン（流線型）の姿勢を作ること。海でもこれを崩さずにキープすることにより前に進む際、水の抵抗が受けにくくなります。

泳ぎの推進力を生み出すのは、脚で水を蹴るキックと、手と腕で水をかくストロークです。キックは腹筋に力を入れ、左右の脚を細かくしなやかに上下させます。蹴り上げると、ヒザは軽

姿勢

上腕でこめかみを締めるようにして、両腕をまっすぐ頭の上に伸ばす。体は一直線にし、ヒザ裏を水面に近い位置にキープ。手の指先から足の指先までをできるだけ細く伸ばす

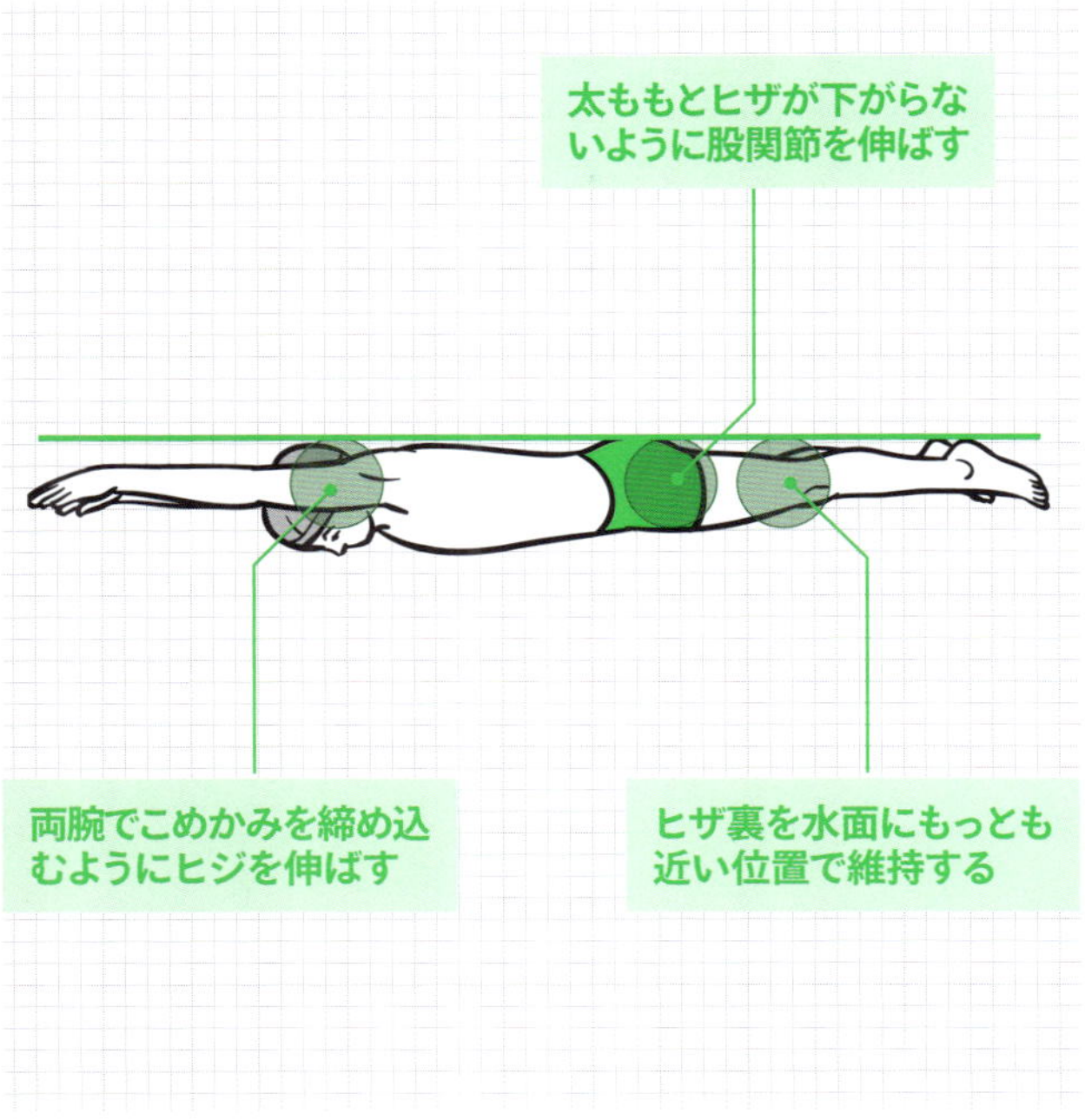
太ももとヒザが下がらないように股関節を伸ばす
両腕でこめかみを締め込むようにヒジを伸ばす
ヒザ裏を水面にもっとも近い位置で維持する

く曲がりますが、これは曲げようとして曲がるのではなく、「自然に曲がってしまう」という感覚が正解です。

　ストロークは大きく分けて5つの動きで構成されています。**①手を入水し、②前に伸ばした腕と手のひらで水をつかみ、③とらえた水を一気に後方に引いてから、④水を最後まで押し出し、⑤かき終わった腕を前方に運ぶという一連の動き**です。指先から手首、ヒジ、肩、脇の順に丁寧に動かすことで、水を正確にとらえられます。

　息つぎはストロークのタイミングに合わせ、水面上に顔が出た瞬間に、口から一気に空気を吸い、水中で鼻から息を吐きます。

　これらを組み合わせることで、ロスの少ないクロールになります。

キック

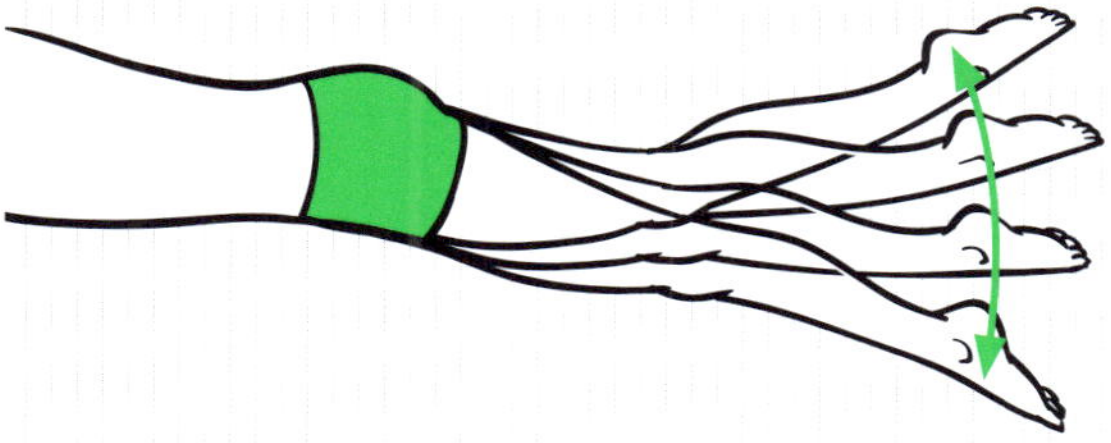

柔らかく股関節を使い、脚全体で上下に蹴る。足首のしなりを利用し、後方に水を押し出す。ヒザはできるだけ曲げない。曲げすぎていると、水しぶきが大きくなってしまうのでチェックしよう。腹筋→お尻→腹筋→お尻のイメージでキックする

ストローク

肩甲骨の動きを意識し、指先をそろえてできるだけ遠くに入水。手首を少し曲げて手のひらの面で水をとらえる。その水を後方に押し出し、体の重心運動で腕を前に運んでいく

泳ぐために必要な腹筋力と足首の柔軟性を上げておく

P = A × B

SWIMMING SWITCH 01

腹筋バタ足

脚を伸ばして座り、手を組んでお腹の上に置く。カカトを浮かせた状態からヒザが曲がらないように左右の脚を交互に上げる。腹筋力でキックを打てるようにする。

回数 30回

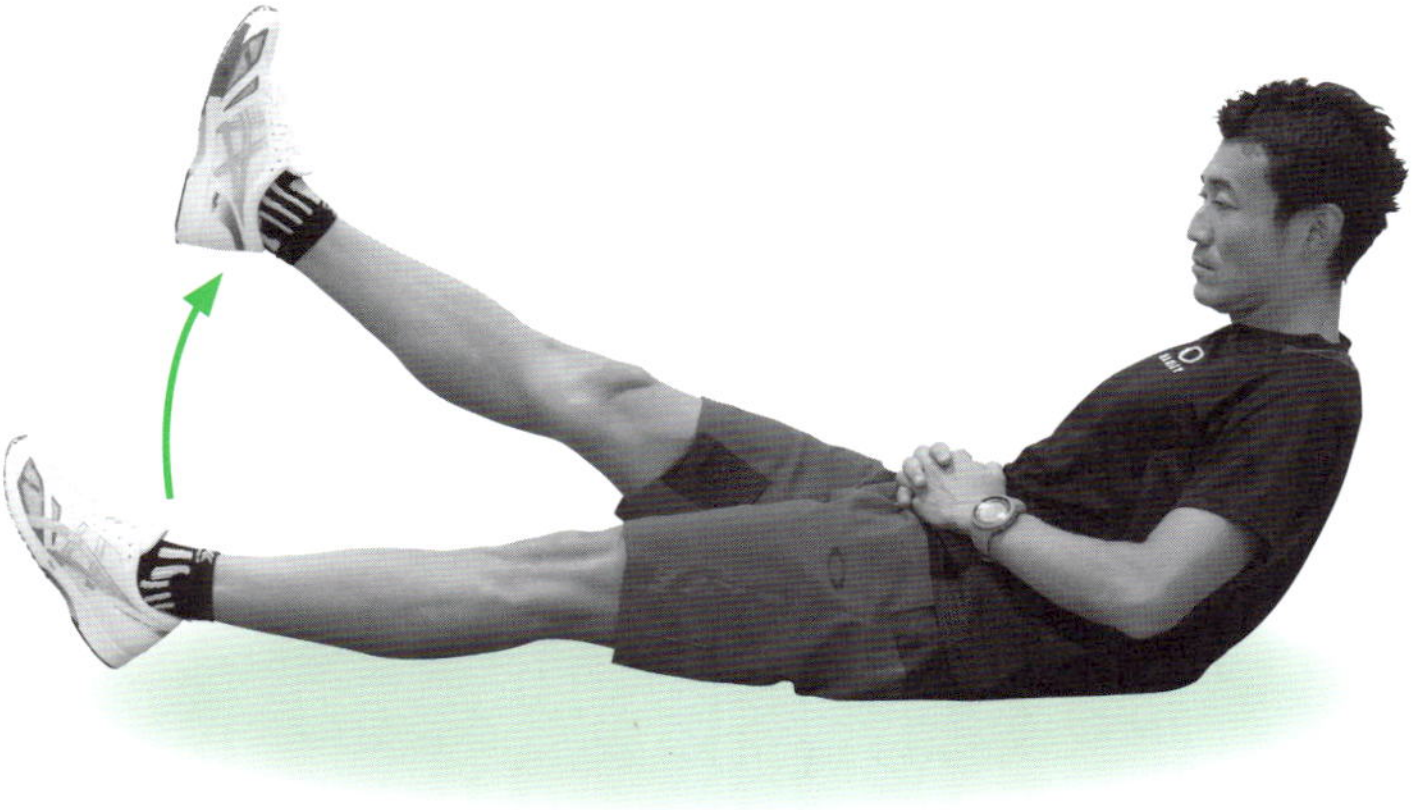

ヒザを伸ばしたまま、カカトをつけないように脚を左右交互に上下させる。意識を腹筋に集中させよう

コツ

3級までは足首の柔軟性と泳力は比例する

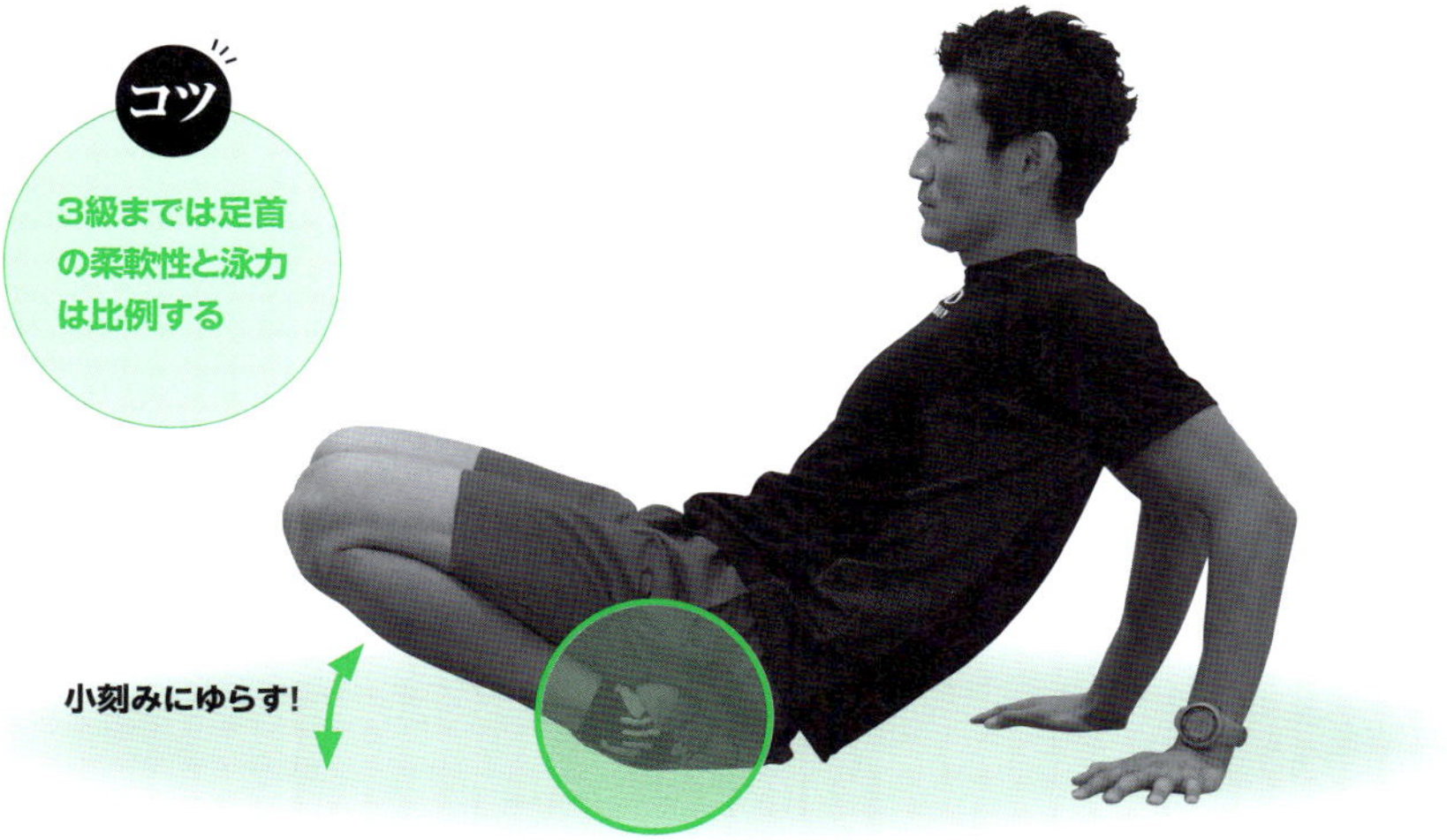

正座をし両手を背中の後ろについて、後方に体重をかける。30回軽く小刻みにゆらす。足首の前面を伸ばして柔軟性を高める

足首が硬い人は無理せずにゆっくりと。うまくバランスが取れない場合は、一方の脚を立てて、片脚ずつ行ってもよい

お尻と足裏が接していればＯＫ。足首の前面が伸びていることを意識しながら行うこと

SWIMMING SWITCH 02

足首正座

水の抵抗をできるだけ減らすため、そして、しなるようなキックをするためには足首の柔軟性が重要。足首だけでなく、足の甲や指先までまっすぐ伸びるようにしたい。

回数 30回

▼スイムスイッチ②

肩甲骨で泳げるように可動域をアップさせておく

P＝A×B

● SWIMMING SWITCH 03

肩甲骨上下

両手を上げ下げし肩甲骨を動かすことにより、衰えた神経回路を呼び覚ます。肩甲骨の動きで腕やハンドルを引けるようになるので、ランやバイクにおいてもトレーニング効果が期待できる。

回数 20回

コツ
「ポン、ポン」と弾むように上下させると効果的

まっすぐ立ち、手のひらを正面に向けてバンザイするように両腕を高く上げる

手のひらが外側を向くように、ヒジを曲げながら脇の角度が90度になるまで下ろす

コツ
手のひらが見えない位置まで開く

正しい姿勢で立ってヒジを90度に曲げ、体の前で両手をそろえて上に向ける

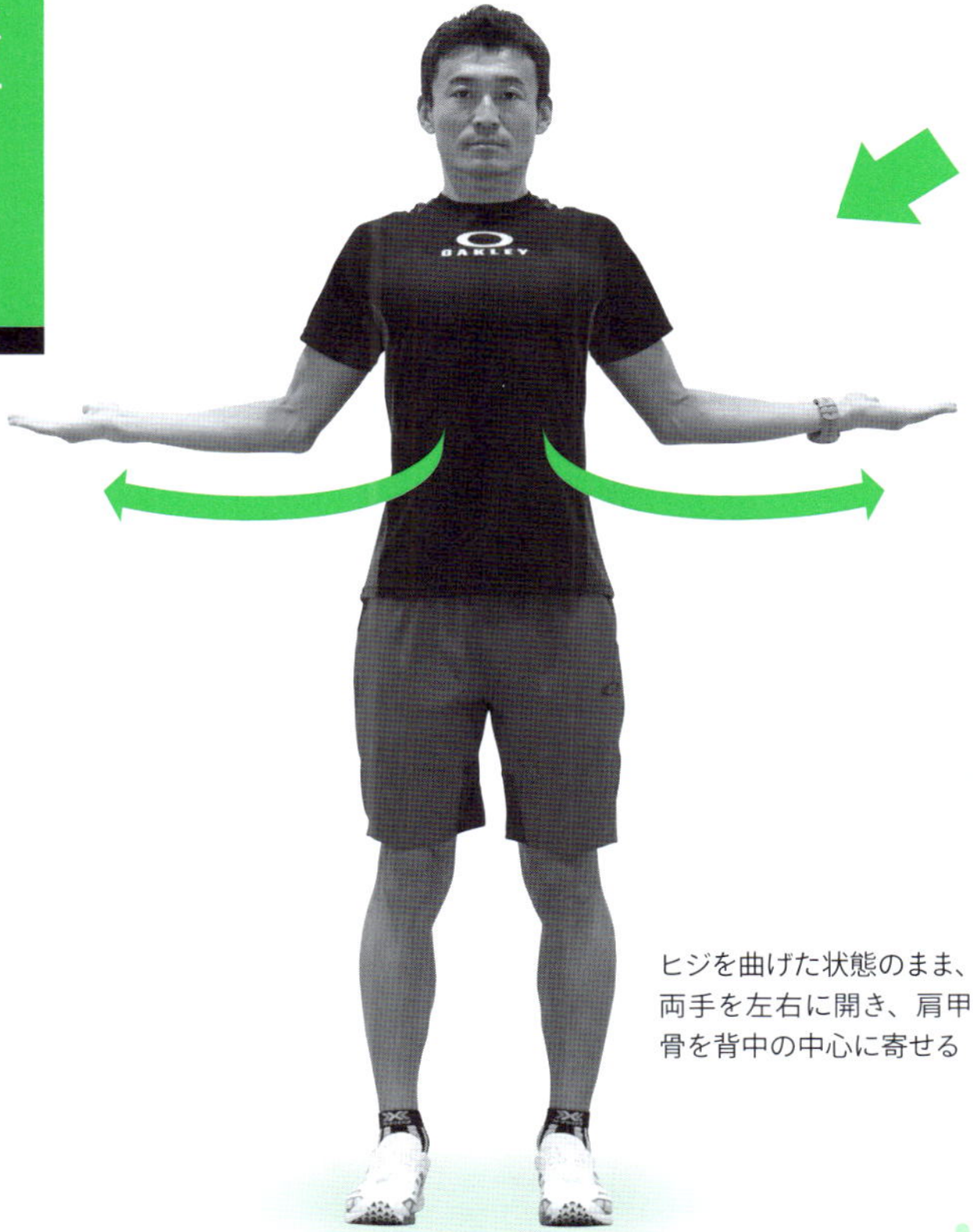

ヒジを曲げた状態のまま、両手を左右に開き、肩甲骨を背中の中心に寄せる

SWIMMING SWITCH 04

肩甲骨開き

胸を開いて肩甲骨を閉じるスイッチ。エクササイズ名は「肩甲骨開き」だが、実際には胸を開いて肩甲骨を閉じる。力を逃がさないために、両手の指先をしっかり伸ばして行うのがポイントだ。

回数 **20回**

▼スイムスイッチ③

肩甲骨をより動かして多くの水をとらえられるようにする

P＝A×B

肩甲骨クロス

両腕を斜めに開き、肩甲骨を斜め45度に動かして刺激する。ヒジを曲げてしまうと肩甲骨が大きく可動しないため、最後までしっかり伸ばしておくこと。

回数 **20回**

コツ

左右交互にゴムバンドを引くイメージで行う

起点は下腹の高さから

正しく立った姿勢から両腕を伸ばし、下腹の前でこぶしを握ってそろえる

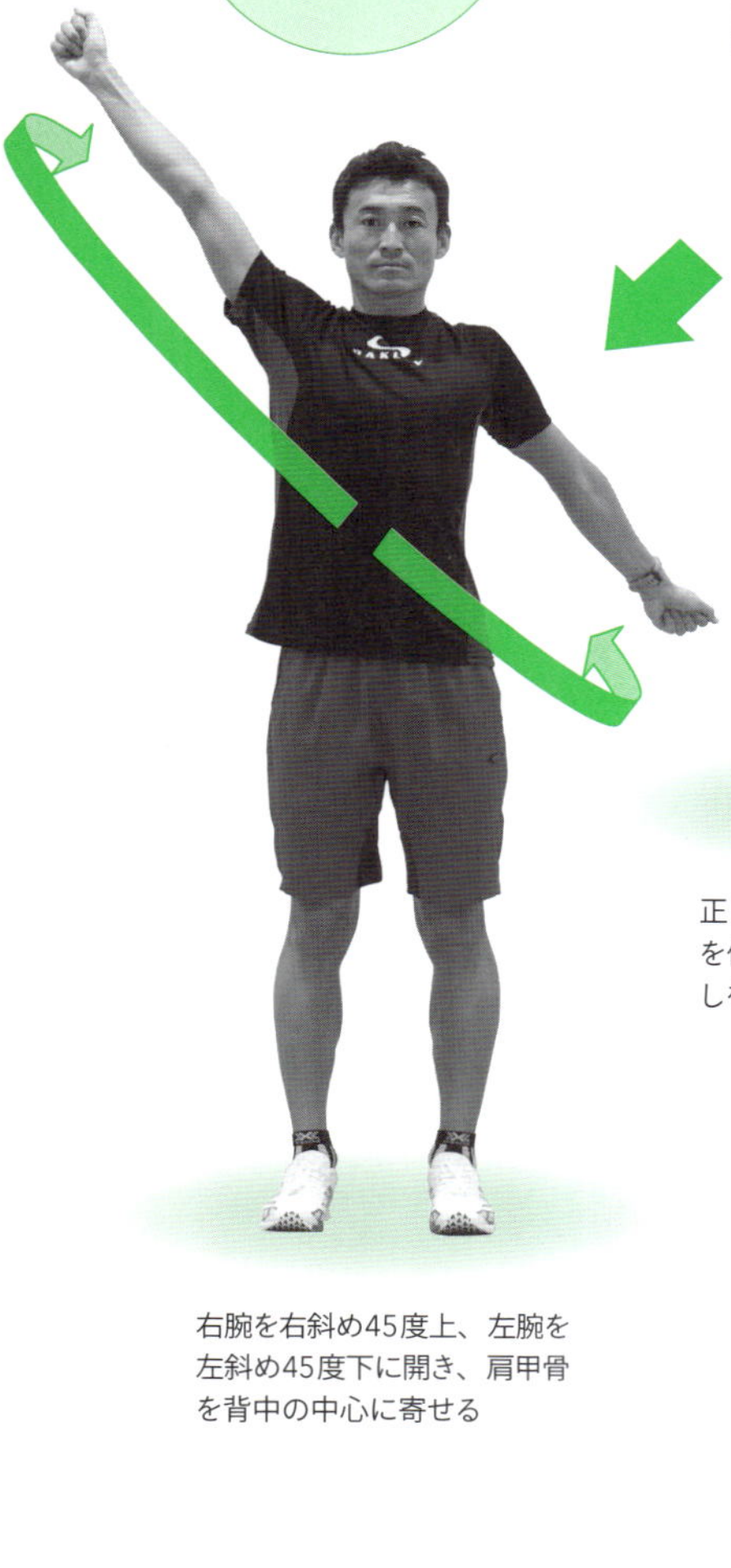

右腕を右斜め45度上、左腕を左斜め45度下に開き、肩甲骨を背中の中心に寄せる

正しい姿勢でまっすぐ立ち、右腕を右斜め45度上方向に伸ばしておく

コツ

頭を動かさずにゆっくり行う

指先の方向に肩甲骨をスライドさせる感覚で動かす。左腕でも同様に行う

SWIMMING SWITCH 06

肩甲骨スライド

肩甲骨を斜め上にスライドさせる。このとき、頭や体を動かさないことを意識する。小さな動きのためわかりにくいかもしれないが、これができるようになると、遠くの水を捉えられる。

回数 **左右各10回**

▼基本姿勢を作るドリルのコツ

海で安定した泳ぎをするためにもストリームラインの姿勢は不可欠だ

P＝A×B

手から足先までを一直線にすれば水の抵抗を減らしたフォームに

トライアスロンのスイムでは、1・5㎞という距離を泳がなければなりません。しかも海に出れば、波や風といった自然の影響をモロに受けます。そんな状況下で行われるレースでは、いかに力を使わず、楽に泳げるかどうかが、結果を左右します。

そして、**楽に泳ぐカギとなるのが、ストリームラインです。**泳ぎにおいて人が浮きやすく、水の抵抗をできるだけ減らした流線型の姿勢がストリームラインで、クロールなど4泳法すべての基本姿勢になります。

具体的には、手は頭上で重ねてヒジをまっすぐ伸ばし、アゴをやや引きます。腰やヒザを曲げずに足先までピンと伸ばします。この姿勢を水面に平行になるように保つわけです。進行方向からその姿勢を見たとき、できるだけその面積が小さい方が、水から受ける抵抗が少なく、泳ぐ際に体力の消耗を防げるということになります。

ストリームラインを立った状態で、壁を使って作るのが、壁ストリームラインです。初めのうちはスイムトレーニングに入る前に行うことをおすすめします。

ねらい

- お尻を閉めるようにすると、骨盤がまっすぐになる
- 正しいストリームラインを身につける

➡ トレーニングポイント

Point 1
腰まわりの筋肉全体でお腹を引っ込める意識で背中部分を平らにする

Point 2
指先から足先までが一本の棒のようになっているか、仲間に見てもらう

正しいストリームラインの姿勢

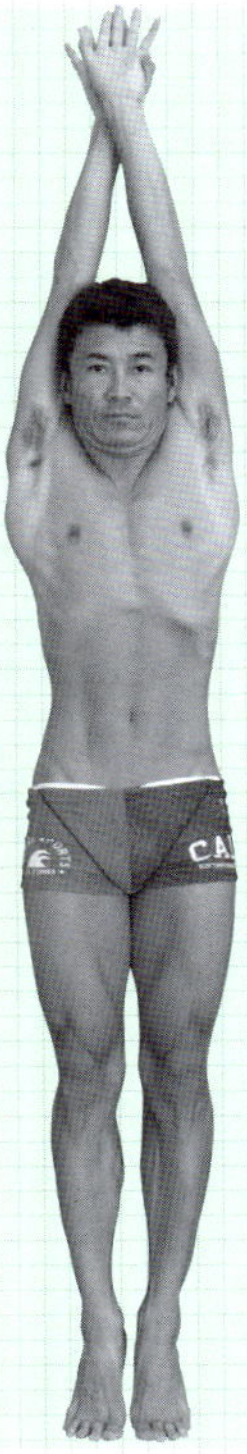

頭の上で両手を重ねるようにして両腕を伸ばす。指先からカカトまでを一直線にする

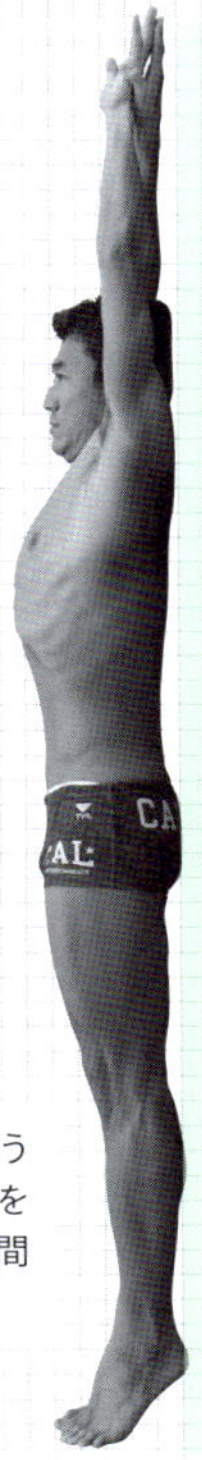

背中部分に手が入るようではNG。骨盤の傾きを調整し、背中部分に隙間ができないようにする

姿勢作りドリル一覧

P ＝ A × B

- 壁ストリームライン
- けのび
- イルカとび

アクアウォーク

※水に慣れるための基本トレーニング

▼アクアウォーク／けのび／イルカとび

水を手で捉える感覚を養い水中で泳ぎの基本姿勢を作る

P＝A×B

5分続けて泳げない人はとくにアクアウォークを練習する

アクアウォークは、水を手で捉える感覚を養うのが目的。浮力に負けずに軸を意識して動きましょう。現段階で5分間泳ぎ続けることが難しい人（4級レベルぐらいまで）は、とくに徹底して行ってください。壁ストリームラインで身につけた基本姿勢を、けのびで水中でもできるようにします。

そして、イルカとびで水中をスムーズに、かつ1回ずつの動作で遠くに行けるようにします。入水の際、しぶきを激しく立てないのがポイントです。

アクアウォーク

手で水をかきながら水中を歩いて前へ進む。肩甲骨から腕を大きく動かして遠くの水をキャッチ。その後、肩甲骨を寄せるようにしてヒジを引いていく。脚ではなく、腕で進むイメージで。水中では体の動きが制限されるが、浮力に負けずに軸を意識して動こう

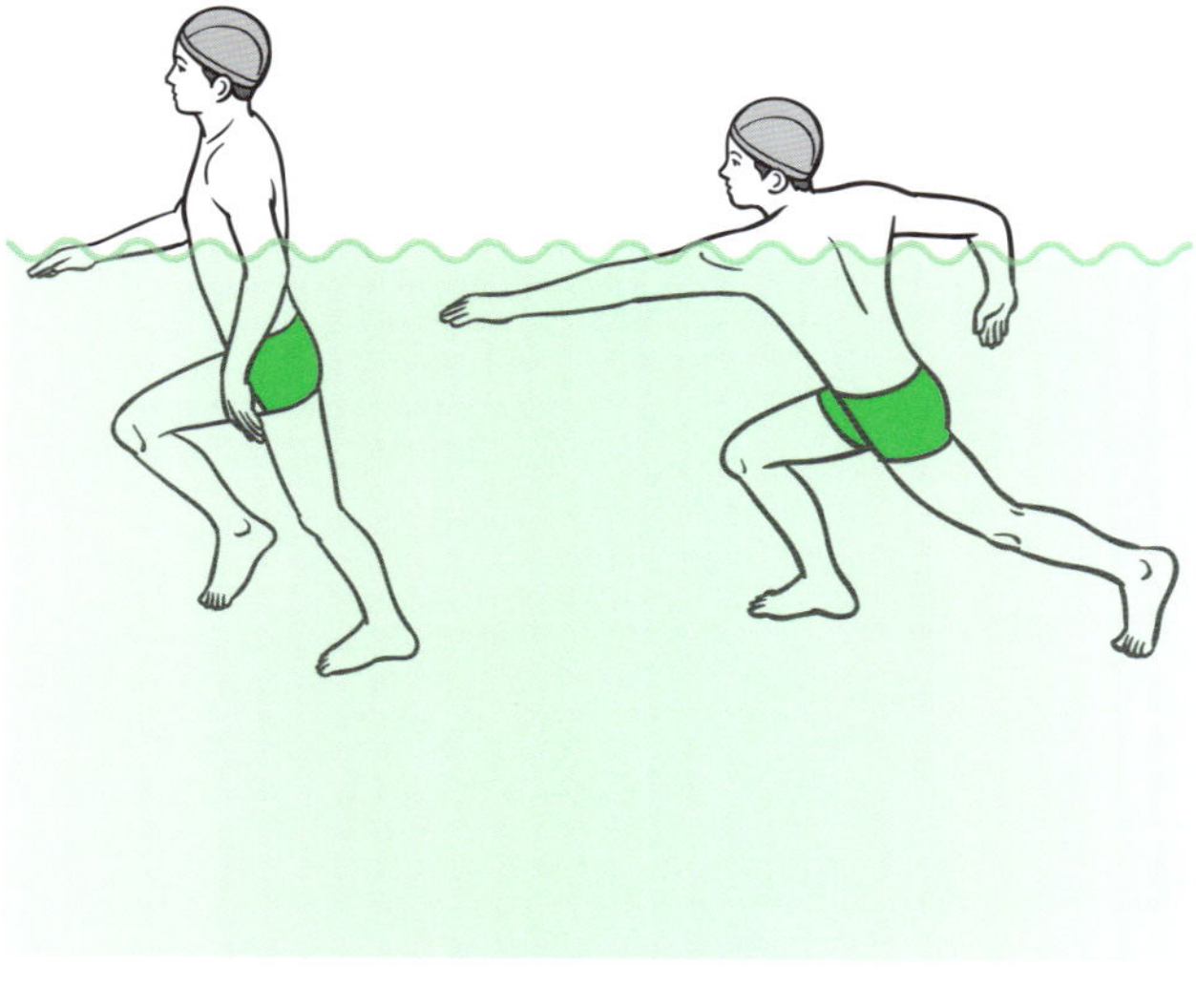

けのび

大きく息を吸ってリラックスした状態から、しっかり壁を蹴る。勢いよく体を伸ばし、ストリームラインを保ったままできるだけ遠くまで行く。体を一直線にすることを心がける

例 けのび×10（壁戻りはアクアウォークで）

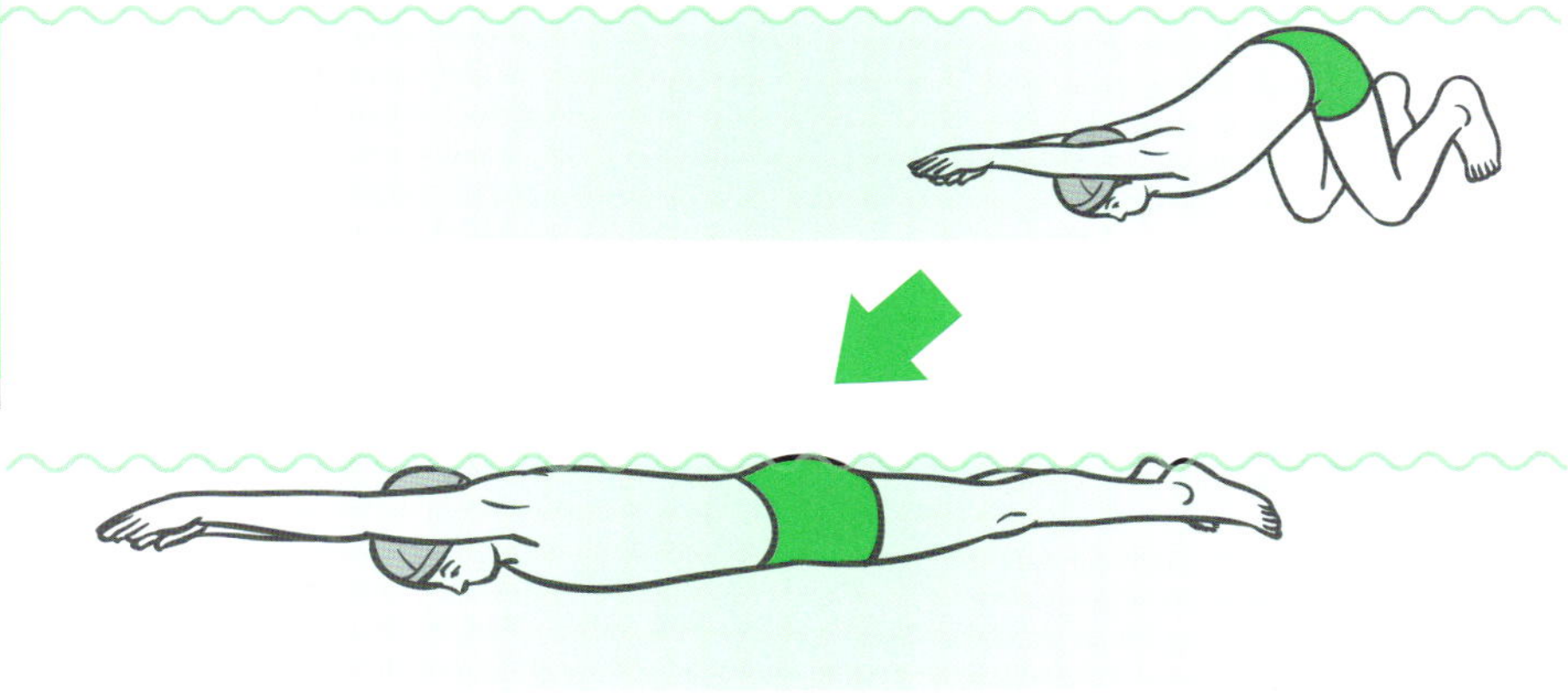

イルカとび

ジャンプした後、ストリームラインをすぐに作る。腰の位置をできるだけ高い位置にキープしておくことがポイント。アゴを引いて、１点から滑り込むようなイメージで入水し、ゆっくり息を吐く。苦しくなる前に立つ

例 25m ×4（20秒レストで）

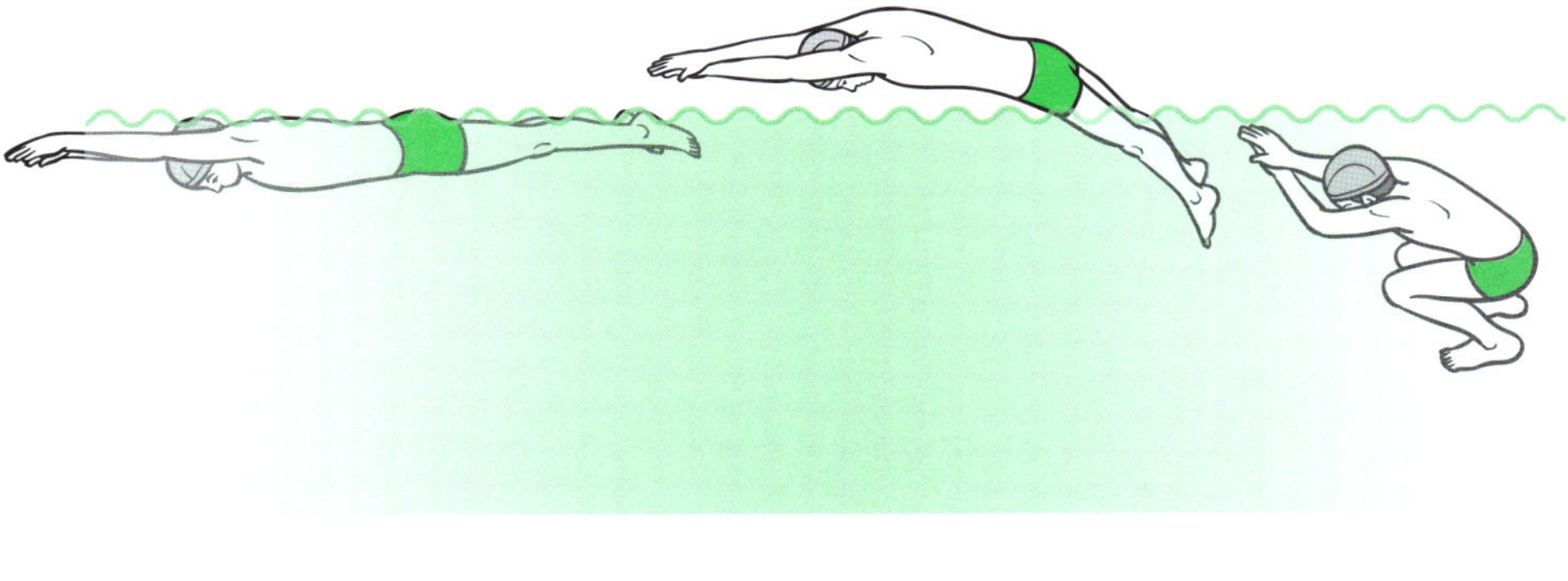

▼キック習得ドリルのコツ

下半身を浮かせ大きな推進力を生み出すキックを身につける

P
=
A×
B

体幹が使えれば力強いキックが打てる

スイムのキックはバタ足です。キックは推進力を生み出すという目的に加え、下半身を浮かせるための補助的な役割もあります。**脚を動かすのではなく、腹筋を使うことで、脚が自然に動くのが理想です。**大きな推進力を得られるキックを覚えるために、段階を踏んでメニューをこなしましょう。

最初はプールサイドで、水中でキックを打つフィーリングをつかみます。ビート板を使って行う板キックは、50mで60秒を切ってからでないと、ストロークドリルには進まないくらいの意識で取り組んでください。これがキックの基礎になります。

グライドキックやストリームラインキックは、ビート板を使用しません。ストロークもしませんから、より強くストリームラインを意識することが必要です。キックのドリルではありますが、動かすのは脚ではなく、あくまでも体幹(腹筋、お尻)になります。

キックの効率性は、突き上げるような水しぶきになっているかどうかで判断できます。体幹でしなやかにキックが打てるようになれば、それに連動してストロークの効果が上がります。

ねらい

- キックは体幹始動で、左右均等に繰り返す
- 骨盤からくねらせる感覚を養う

➡ トレーニングポイント

Point 1
できるだけヒザを使わず、腹筋とお尻で打つ

Point 2
キックの際、突き上げるような水しぶきになっていることが理想だ

PART 4 キック動作のポイント

体幹を使った「スイムトレ！」

腸腰筋と下腹部にある腹筋に力を入れて動かす。できるだけヒザを曲げないこと。ストリームラインを崩さないようにして、細かくしなやかなキックで推進力を得る

ヒザは曲げない。「自然に曲がってしまう」のはＯＫ

腹筋とお尻を使って体幹でキックを打つ

足首のしなりを使う。日頃から柔らかくしておく

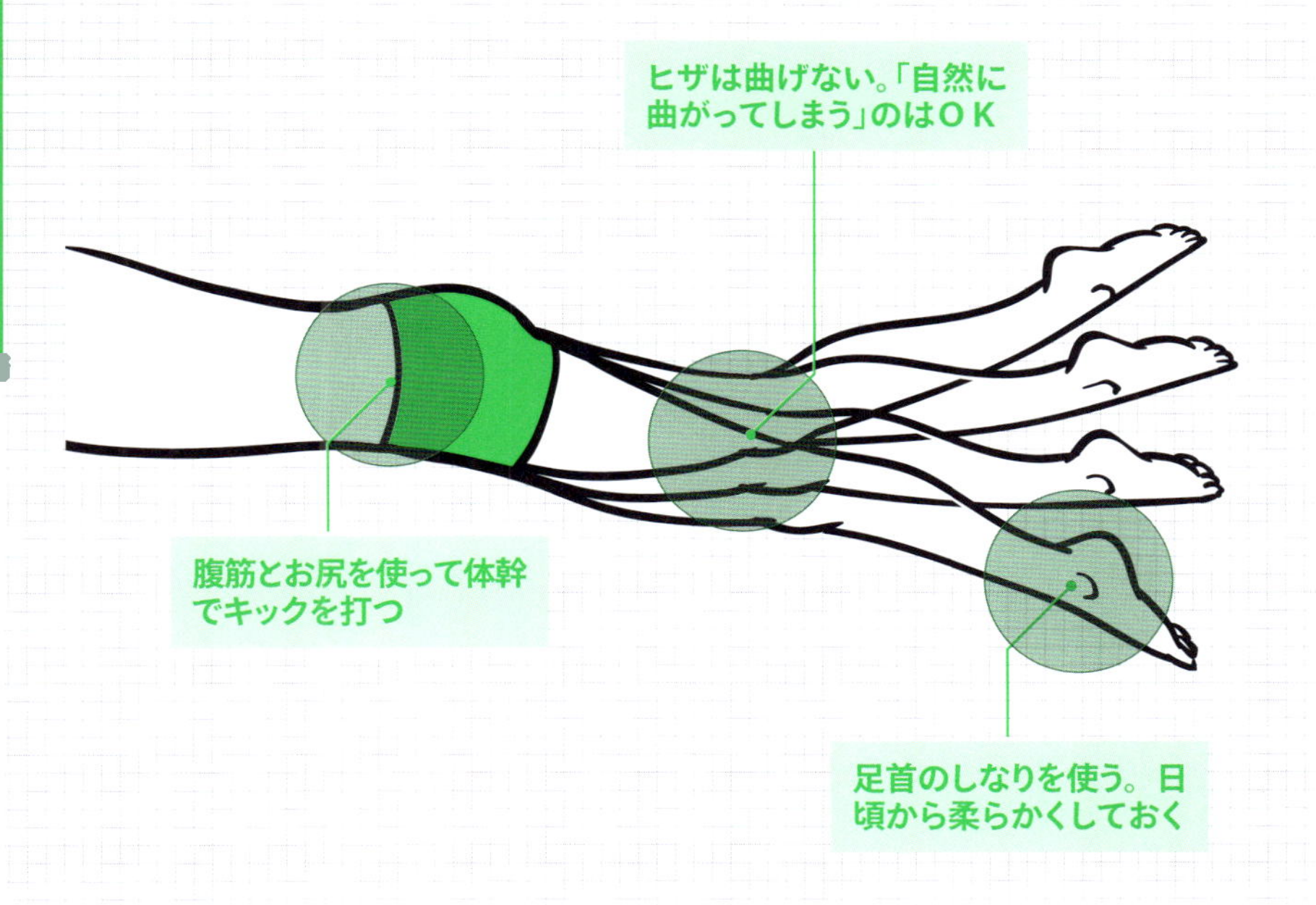

キックドリル一覧

P = A × B

- 腰掛けキック
- イルカとびキック
- グライドキック
- バタフライキック
- サイドキック
- ヒジ掛けキック
- 板キック
- ストリームラインキック
- バックキック
- 気をつけキック

など

▼腰掛けキック／ヒジ掛けキック／イルカとびキック

キック動作の基礎を磨くドリルで体幹主導のキックを身につける

P＝A×B

ヒザは曲げるのではなく「曲がってしまう」感覚にする

プールサイドに座り、脚だけを水中に入れてバタ足を打ちます。**太ももからつま先までを一直線にし、脚ではなく、腸腰筋と下腹部にある腹筋に力を入れて動かしましょう。**

ヒジ掛けキックは、プールサイドにヒジを掛けて、腰や脚が沈まないようにしながらバタ足を打ちます。柔らかく股関節から脚全体を蹴り下ろし、足首のしなりを利用します。イルカとびキックは、イルカとびを行ってからそのままの姿勢でバタ足を打ちます。

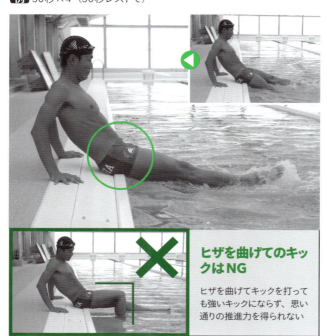

腰掛けキック

プールのふちに浅く座って、つま先が水面を触るようにバタ足を打つ。ヒザは曲げるのではなく、「曲がってしまう」感覚で！

例 30秒×4（30秒レストで）

ヒザを曲げてのキックはNG

ヒザを曲げてキックを打っても強いキックにならず、思い通りの推進力を得られない

ヒジ掛けキック

アゴを腕の上に置いて浮かせず、できるだけ水中に近い姿勢でキックを行う。腰や脚が沈まないように

例 30秒×4（30秒レストで）

水しぶきをできるだけ少なく

ヒザが曲がりすぎたままでキックを行うと、水しぶきが大きくなってしまうので注意する

イルカとびキック

指先、頭、腰、足先の順番で入水するイメージ。ストリームラインを作り、浮上し始めるところからバタ足を行う。息はゆっくり吐いて苦しくなる前に立つ

例 25m ×4（20秒レストで）

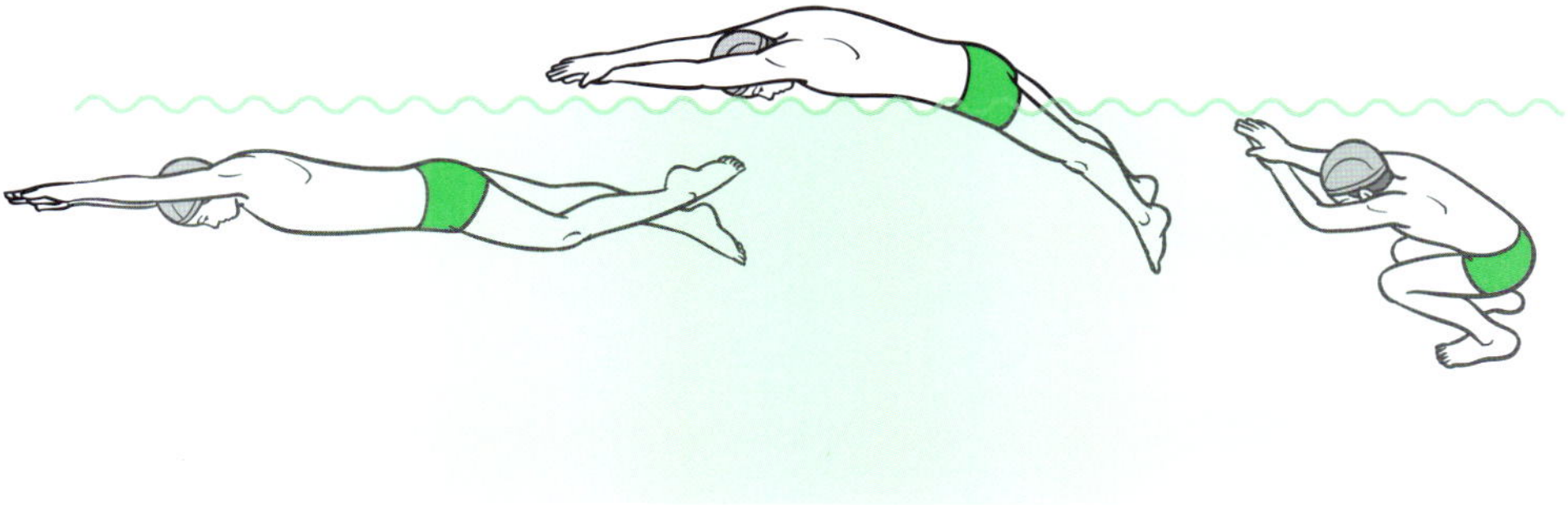

▼板キック／グライドキック／ストリームラインキック

ストリームライン姿勢を維持しリズミカルにキックを打つドリル

P＝A×B

ビート板をしっかり下に抑えてキックする

ビート板を使う板キックは、水中から頭を出すのと、頭を入れて行う2種類のやり方があります。ビート板は下へ押すようにすると腹筋が使えてきます。頭出しが慣れたら、口で吸って鼻で吐く息つぎを入れていきます。

ビート板を持たず、腕を前方に伸ばして行うのがグライドキックです。ストリームラインキックは、グライドキックを水中で潜水しながら行います。

体が水面上に浮上しないよう、しなりを使ったキックを打ちましょう。

板キック

頭を入れる板キック。呼吸時に顔を上げる。呼吸のリズムやタイミングも養おう ※きつければ途中で立って呼吸してもOK

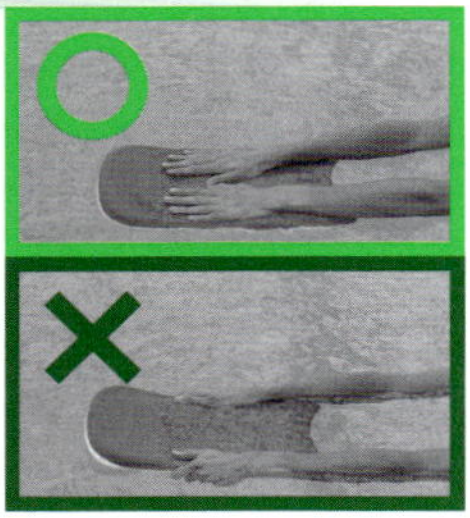

頭出しよりやや後ろのビート板の中央あたりに両手を乗せる。両端を持つとリラックスできないので注意

頭を出す分下半身が沈みやすくなるので体をまっすぐに保ち、ヒザを曲げないで左右均等にキックする

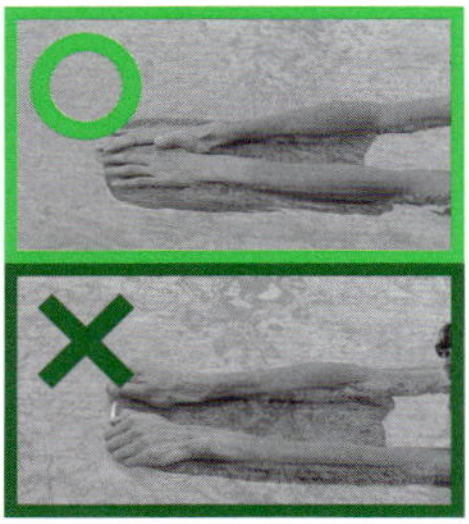

ビート板は握らずに、ヒジから手のひら部分を乗せ、指先を軽く引っかける

例 50m×4（20秒レストで）→25m頭入れ板キック＋25m頭出し板キック

グライドキック

ビート板を使わない板キックのこと。両腕を前方に伸ばし、耳の後ろをはさむようにして顔を水面につけてバタ足をする。体が水平になるように意識する。呼吸時は手を離し、平泳ぎのような感じで息を吸う。水中でゆっくり息を吐く

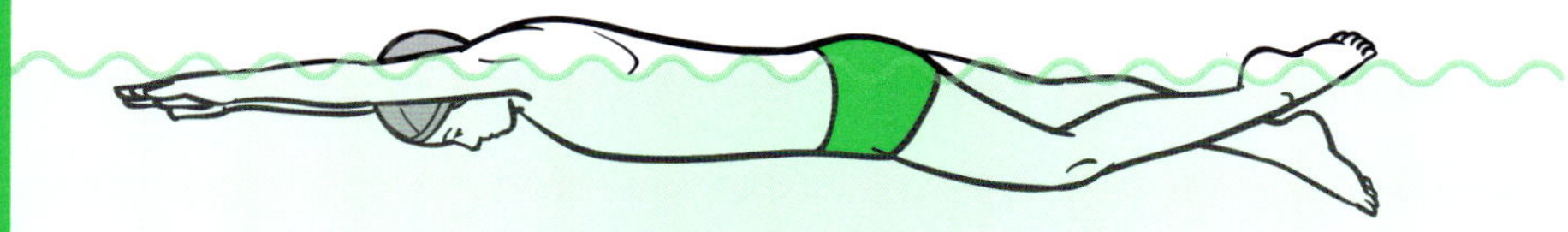

ストリームラインキック

潜水しながら行うグライドキック。完璧なストリームラインができていないと浮いてきてしまう。キックは体の軸に対して上下均等になるように意識する

例 50m×4（20秒レストで）→25mストリームラインキック＋25mグライドキック

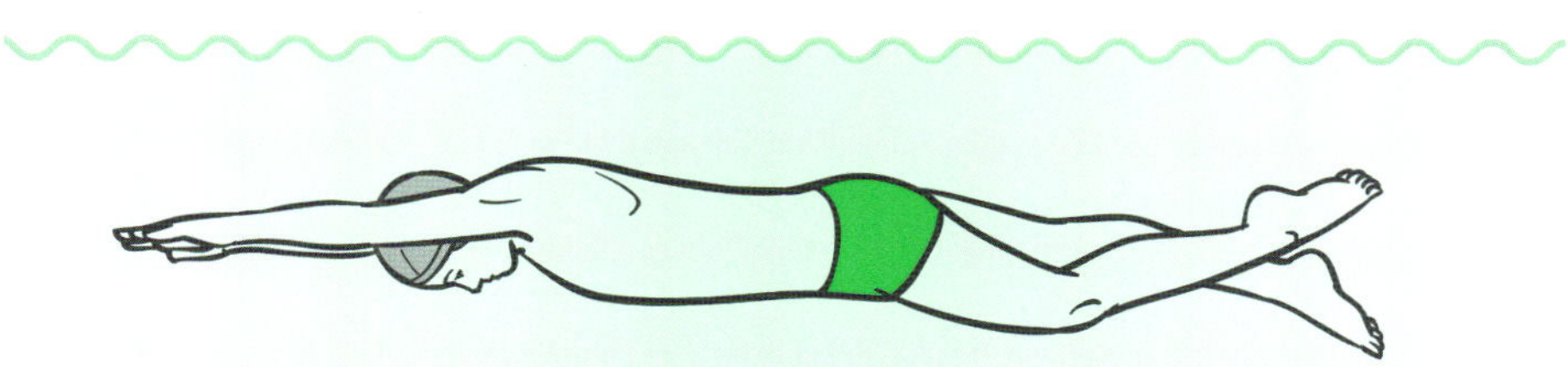

▼バタフライキック／バックキック／サイドキック／気をつけキック

水中での体の軸ブレを修正しキック精度をより高めるドリル

P＝A×B

キックは体の軸に対して上下均等に打つ

ドルフィンキックとも呼ばれるバタフライキックは、**腹筋のバネをうまく使いながら、骨盤からくねらせて打つ感覚を養うのが狙い**です。バックキックは背泳ぎで行うドリルです。脚が沈まずにできれば、キックが上達してきた証拠と言えます。体を横にして打つサイドキックは、キックの前後バランスを良くするためのドリルです。ヒザが折れ曲がりやすいので注意しましょう。気をつけキックは体のブレを修正できます。

バタフライキック

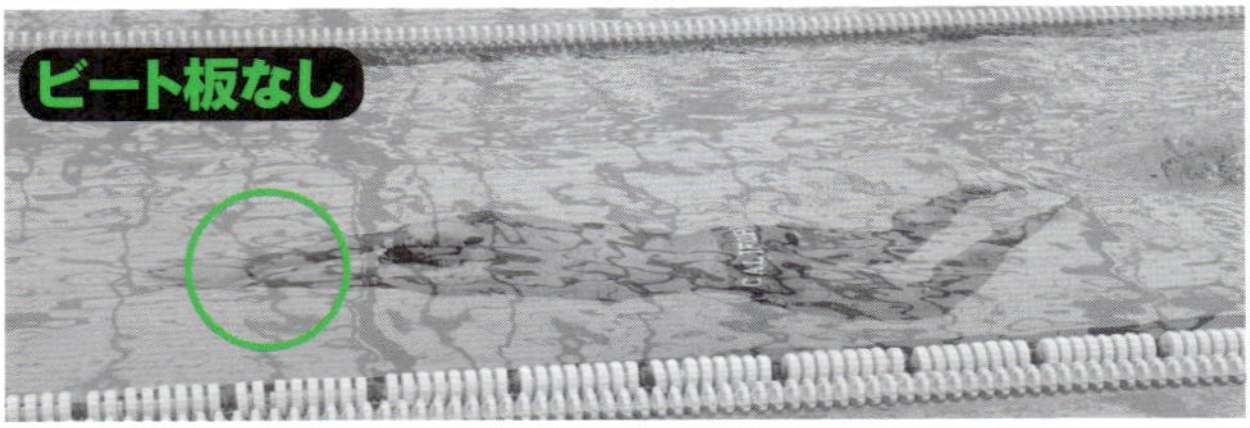

伸ばした腕の指先から腰までのストリームラインは崩さない。骨盤を起点とし、ヒザが伸びきる瞬間に太ももの裏を水面に到達させる

ヒザを極端に曲げるのはNG

バタフライキックは、ヒザの曲げ伸ばしで行うのではなく、足首を柔軟に腹筋のバネでキックを打つ

バックキック

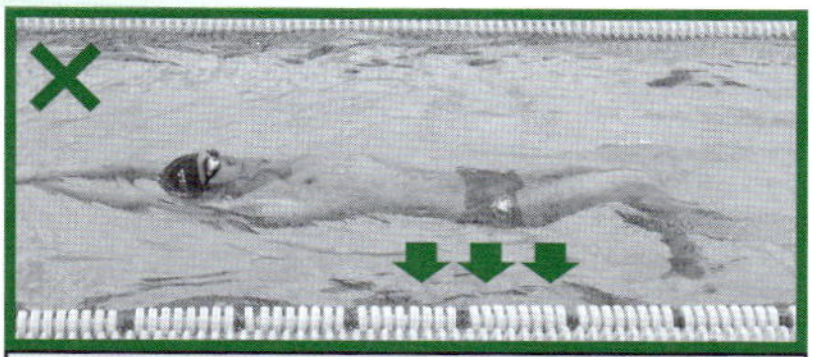

手のひらを重ね合わせ、ヒジを進行方向に伸ばしてストリームラインを作る。おへそを水面に出すように意識し、一定のリズムでキックを繰り返す

例 50m×4（20秒レスト）※バラフライキックも同じ
→25mバタフライキック（板なし）＋25mバックキック

体が沈んでしまわないように
バタフライキックと同様、ヒザを極端に曲げてはいけない。体が沈んでしまうのは、まだ体幹を使えていないということ

サイドキック

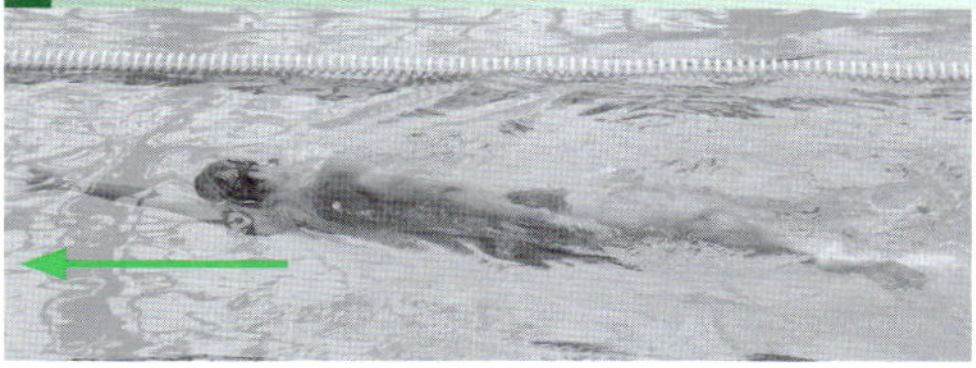

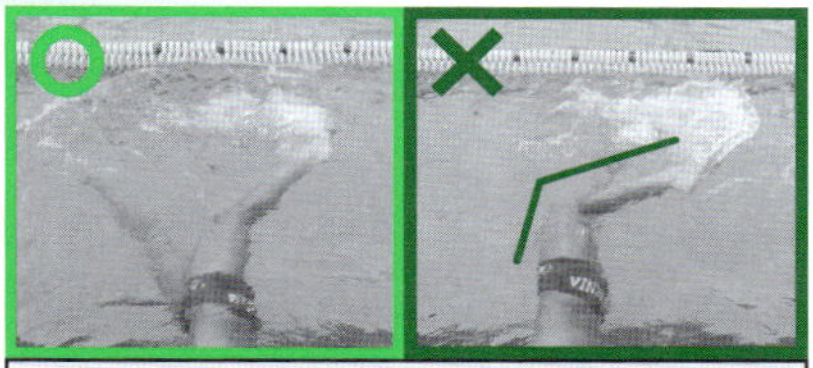

体を横に向かせ、下に来た腕を進行方向に伸ばしてキックを打つ。できるだけ前後幅が均等になるように打つ

例 50m×4（20秒レスト）※バラフライキックも同じ
→25mバタフライキック（板なし）＋25mバックキック

背中方向だけのキックはNG
前後に蹴るキックのバランスが悪いとまっすぐ進まない。背中方向にもお腹方向にも同じくらいの蹴り幅で打つように意識する

気をつけキック

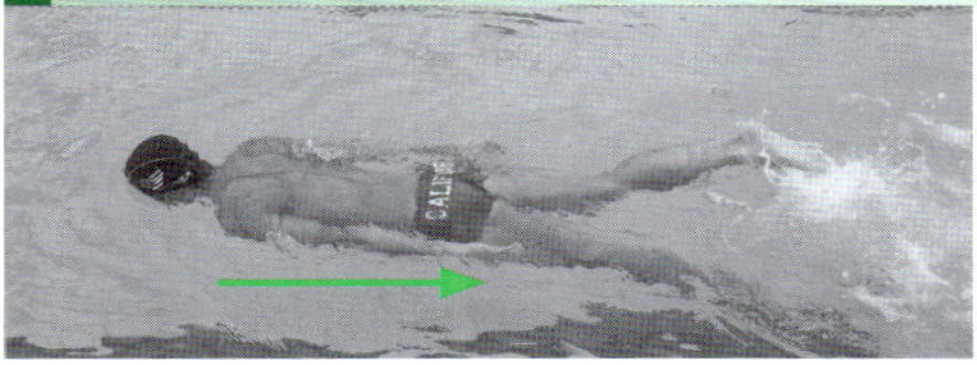

両腕は体の横につけ、気をつけ姿勢でバタ足だけで泳ぐ。腕を使わないと背中が丸まり、体が沈みやすくなるので、胸を開くことで姿勢を保つ

例 50m×4（20秒レスト）25m気をつけ＋25mグライドキック

肩がブレてしまわないように
肩がブレるとそれだけ水の抵抗を受けやすくなる。両肩は常に水平を保つ

▼ストローク習得ドリルのコツ

完璧に水を捉えて体を前に運ぶストロークを身につける

P＝A×B

遠くの水をつかまえるようなイメージで水をかく

ストロークは、手を入水し、前に伸ばした腕と手のひらで水をつかみ、とらえた水を一気に後方に引いて、水を最後まで押し出し、かき終わった腕を前方に運ぶという一連の動きで構成されています。**ランと同様、肩甲骨まわりを柔らかく動かすことが重要です。腕を肩甲骨から伸ばすことにより体幹を使った効率のよい泳ぎが身につきます。**

まず、片手クロールで片腕ずつストロークのやり方を覚えます。指先から手首、ヒジ、肩、脇の順に丁寧に動かすと、水を正確にとらえられます。それを応用する形で、左右の腕を交互に動かすキャッチアップに入ります。そして、手を拳にして泳ぐフィストスイムで、手のひらではなく腕全体で水をとらえるクセをつけます。どちらも力まず、リラックスして行いましょう。

ストロークの質を高めるトレーニングが、腕を羽根のように動かして体をコントロールするスカーリングやヘッドアップ、ストロークに集中して強化を図るプルです。とくにヘッドアップは、海で泳ぐ際の前方確認にもつながっていきます。

ねらい

- ストロークの一連の流れを理解し、習得する
- 肩甲骨や水をかく動きのテンポを高める

➡ トレーニングポイント

Point 1

速く腕を動かそうとせず、１回１回のストロークをゆっくり大きく行う

Point 2

ストロークに合わせて息つぎを。口から一気に吸い、水中で鼻から吐く

ストローク動作のポイント

水をかく側の腕は、脇を開きながらヒジを立てていく。できる限り遠くに腕を運んで、指先から手首を少し曲げた瞬間に、手のひらの面全体で水をとらえる

腕だけ回す「手かき」はNG

肩甲骨を使ってストロークを行わないと「手かき」になってしまい、水をつかむ量が減りロスが多くなる。ランと同様、肩甲骨から動かそう

ストロークドリル一覧

P ＝ A × B

- 片手クロール
- キャッチアップ
- フィストスイム
- スカーリング
- ヘッドアップ
- プル

など

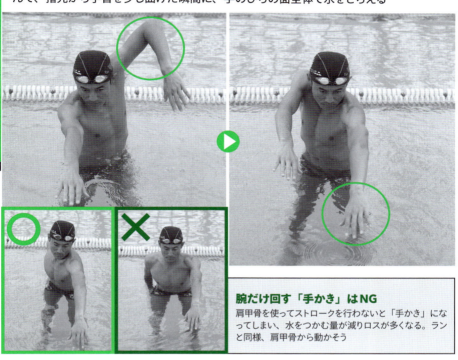

▼片手クロール／キャッチアップ／フィストスイム

左右の腕の動きを洗練させる手に意識をおいたドリル

P＝A×B

片手クロールでは苦手な側のストロークを克服

片手のみで泳ぐ片手クロールには、ストロークしない方の腕の置き方の違いで2つのやり方があります。クロールは本来、両手が頭の前方でそろう前に、一方の手をかき始めます。それを片腕の動作が終わってから、もう一方の腕の動作に入っていくのが、キャッチアップです。正しい腕のかきをより意識させることが狙いです。

フィストスイムは、手をグーにして泳ぎます。**手のひらだけでなく、腕全体で水をとらえる感覚を養います。**

片手ストローク・片手のばし

一方の腕をまっすぐに伸ばし、もう一方の腕だけでストロークを行う。かく方の手を前方で入水する際、伸ばした手を追い越すようなイメージで。いま一度、ストリームラインの姿勢を確認しながら逆の腕でも行おう。呼吸はストロークをしている側で行う

片手ストローク・気をつけ

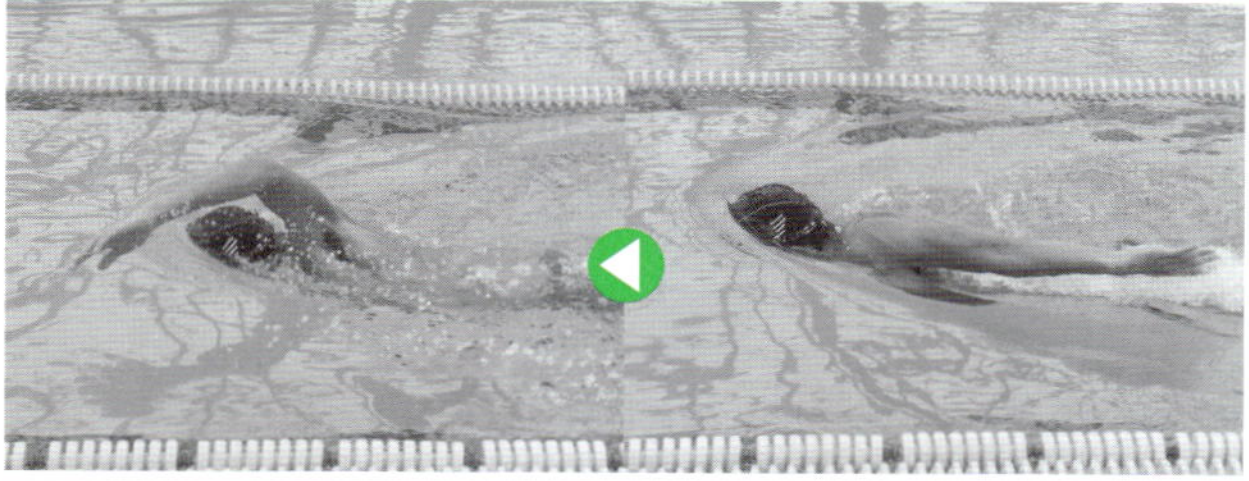

一方の腕は脇をしめて体につけ、もう一方の腕だけでストロークを行う。片側が気をつけの姿勢で体が沈みやすくなるので、キックはより力強く打つ意識が必要。呼吸はストロークをしていない側で行う

例 50m×4（20秒レスト）→×2は片手のばし、×2は気をつけ

キャッチアップ（手を入れ替える）

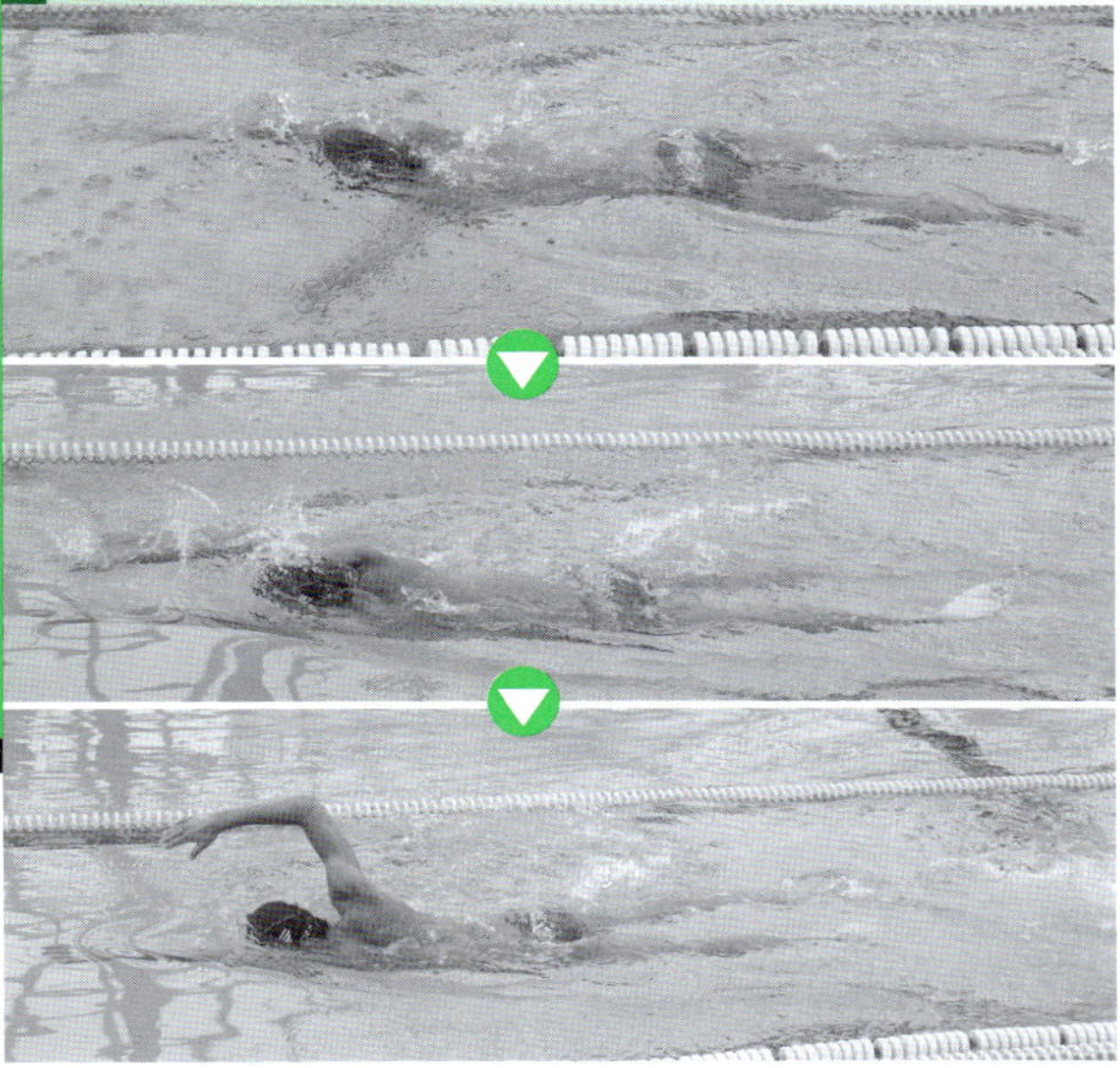

片方の腕をまっすぐに伸ばした状態で、もう一方の腕をストロークし、その腕を前で入れ替えるようにして逆側のストロークに入る。手を前方で入れ替えるイメージ。とくに呼吸時には前に伸ばした腕が落ちないように注意する

例 50m ×4（20秒レストで）→25m キャッチアップ＋25m 通常クロール

フィストスイム

手を開かずにグーにして泳ぎ、腕全体で水をとらえる感覚を磨く。手の握りを甘くしない注意が必要だが、力みすぎても泳ぎが固くなってしまう。適度にリラックスした状態を保つようにする

例 50m ×4（20秒レスト）→25m フィストスイム＋25m 通常クロール

※×2は親指を外に出すグーで、×2は親指を中に入れて握る

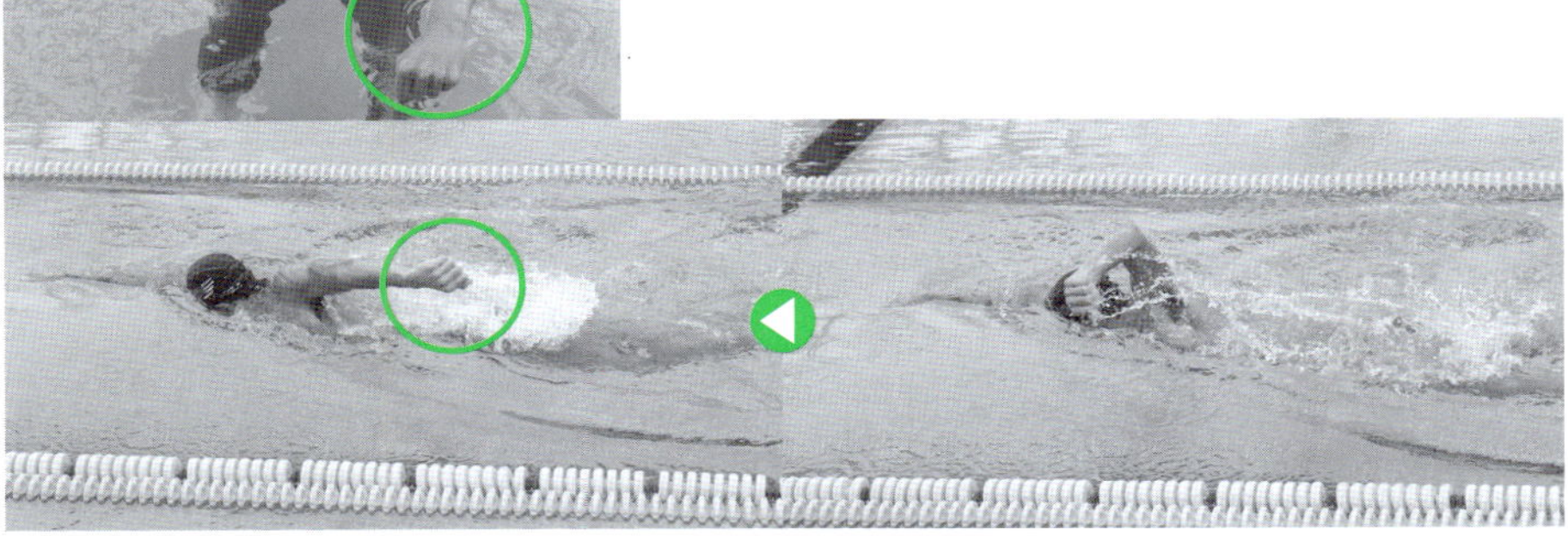

PART 4 スイムトレ

▼スカーリング／ヘッドアップ／プル

水をとらえる感覚を高めるストローク習得の実践ドリル

P＝A×B

肩甲骨や水をかく動きのテンポを高める

スカーリングは、ヒジから先の部分を羽根のように動かして体をコントロールしたり、浮力を作る動作です。**水をしっかりキャッチするためのフロントスカーリング、体を前方に運ぶためのミドルスカーリング、クロールの最後の動きを磨くリアスカーリングを覚え、それらをつなぎ合わせます。**

ヘッドアップは、水から受ける抵抗を減らして、水をかく動作のテンポを高めます。プルは、ストロークのみで泳ぐトレーニングです。

スカーリング

ストロークの各パートの水を捉える感覚を養う。フロントスカーリングは水をキャッチする感覚、ミドルスカーリングは水を引く感覚、リアスカーリングは水をかき切る感覚を養う

例 50m×4（20秒レスト／プルブイ挟んで）→25mスカーリング＋25m通常クロール※フロント、ミドル、リアを×１ずつ行い、最後の×1はミックスで

フロント

ミドル

リア

ヘッドアップ

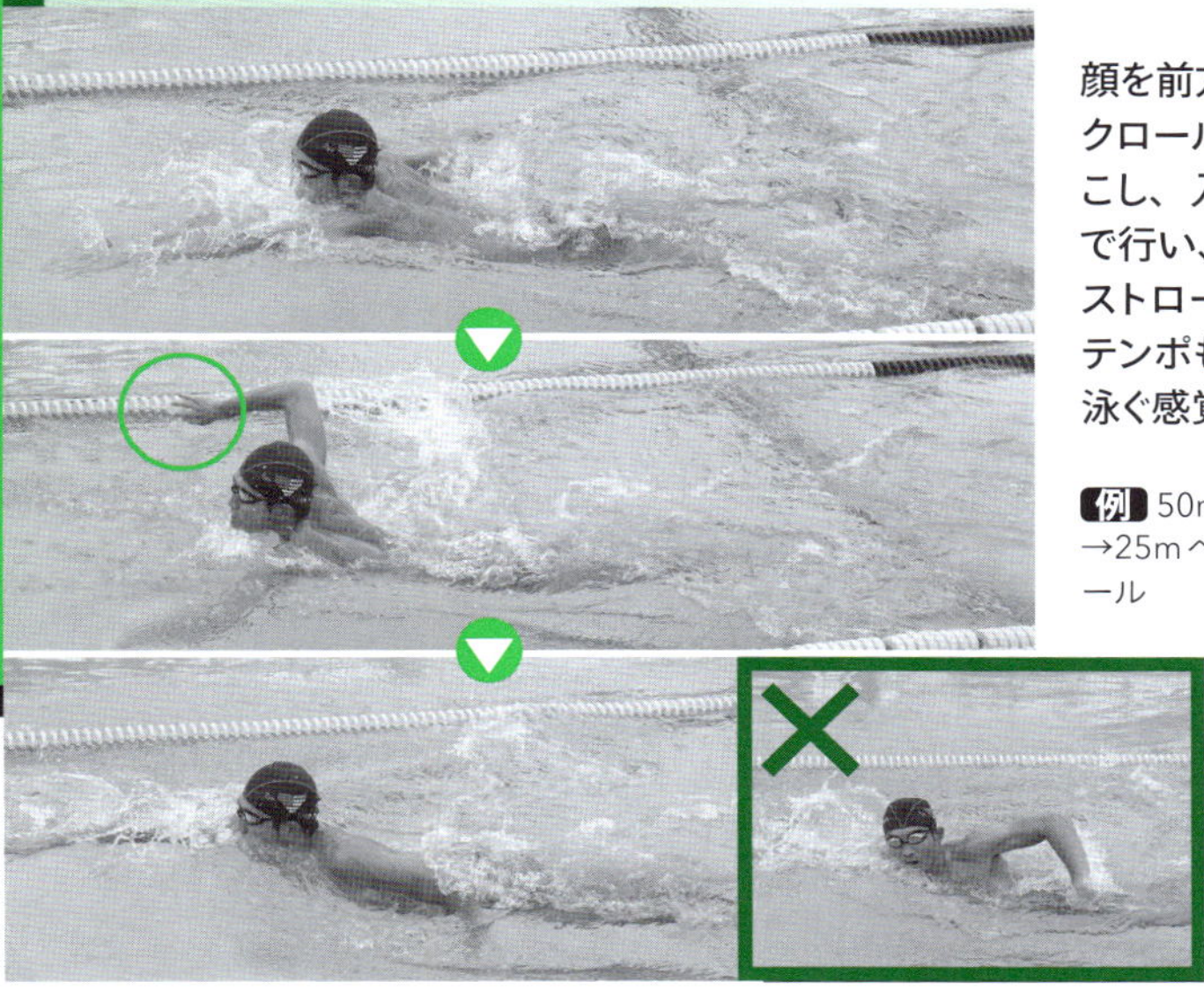

顔を前方に上げっぱなしで泳ぐクロール。顔だけでなく胸も起こし、入水を顔から近いところで行い、腕を速く回転させる。ストロークに合わせてキックのテンポも高めていく。肩甲骨で泳ぐ感覚を作ろう

例 50m ×4（20秒レスト）
→25m ヘッドアップ＋25m 通常クロール

頭が前方からブレてしまうと、腕や脚のスムーズな動きの妨げになる。頭はできるだけ動かさない

プル

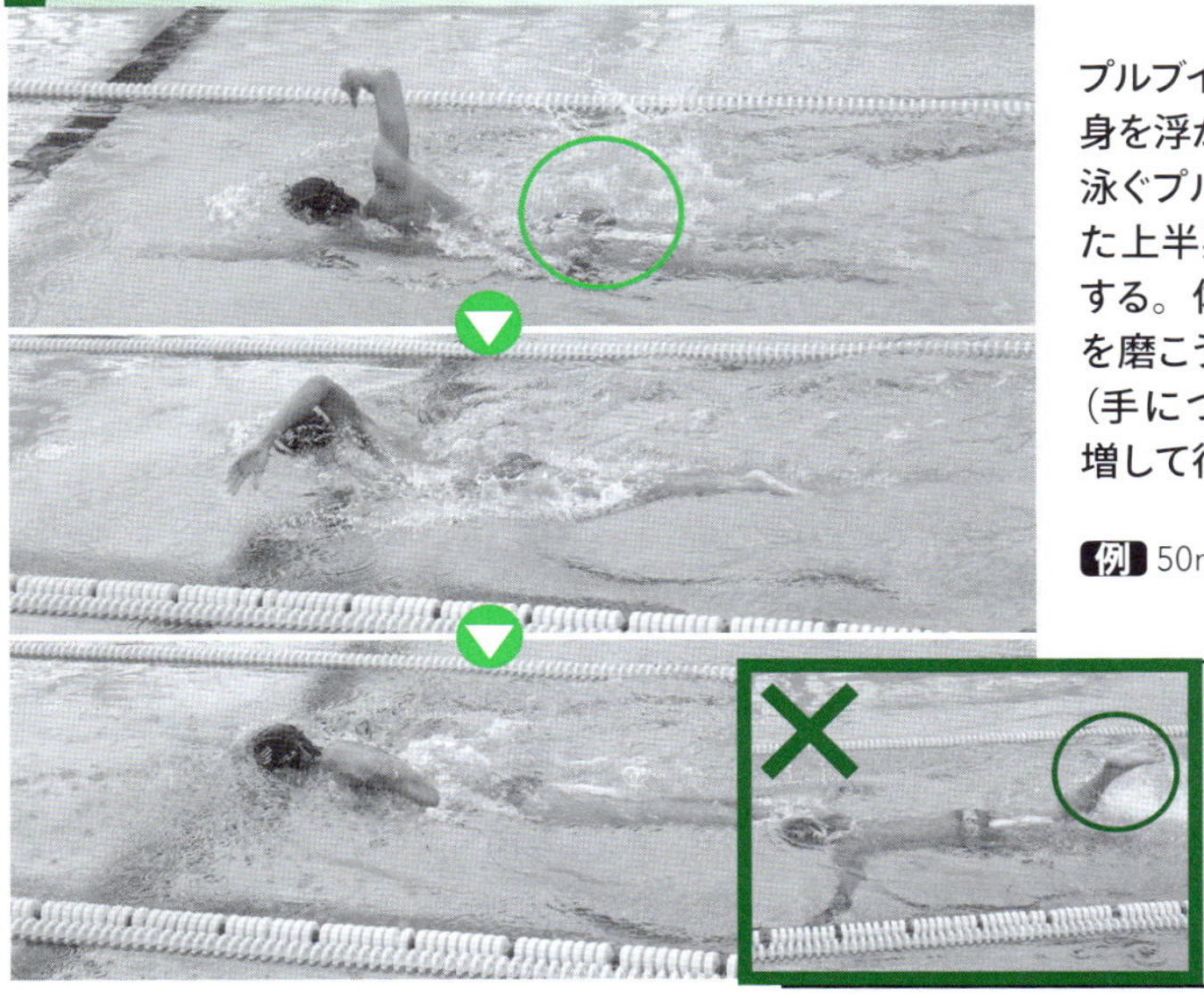

プルブイを太ももに挟んで下半身を浮かせ、ストロークだけで泳ぐプル。腕の使い方を含めた上半身の動きを改めて確認する。体幹を使ってストロークを磨こう。1級以上ではパドル（手につける道具）で負荷を増して行うのもOKだ

例 50m ×10（20秒レスト）

プルブイによって下半身は浮くので、ここではキックを行わなくてよい

PART 4

▼クロールコンビネーション

各要素を組み合わせて クロールを完成させる

P＝A×B

キックとストロークのタイミングをマスターする

姿勢やキック、ストロークといったすべての要素を組み合わせて、トライアスロンの基本泳法であるクロールを完成させます。この時点で呼吸動作がまだきつい場合は、一度立って落ち着いてから呼吸して構いません。

カギになるのは、キックとストロークのタイミングです。基本的には手が入水するときに、逆側のキックを同時に蹴るようにしますが、ランの腕振りと同様、キック（脚）はあまり意識せずに泳ぎましょう。

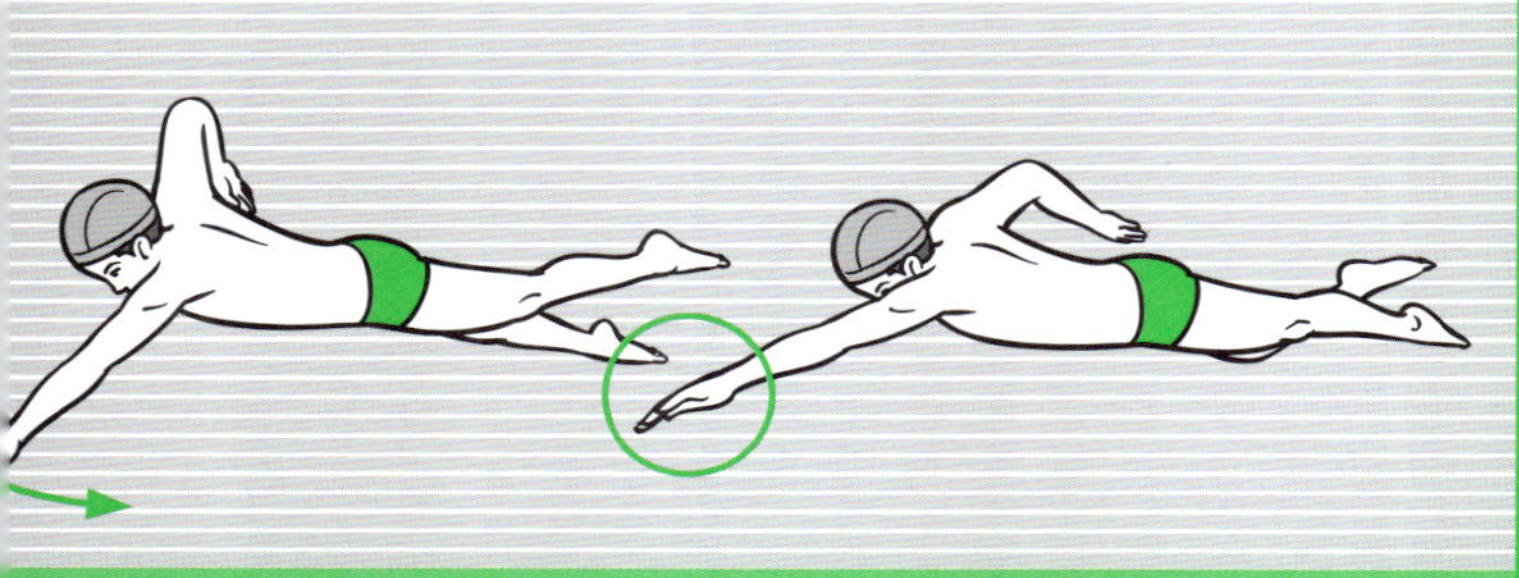

キャッチでとらえた水を逃がさないように腕全体でかき込んでいく。水上にある右腕はリカバリーの動き

指先から手首を少し曲げた瞬間に、手のひらで水全体を面でとらえる。ストロークのキャッチ動き

››› タイムをチェック

クロールをある程度できるようになったら、タイムを計測してみよう。自分がどれくらいのスピードで泳げるのかを知ることで、目標設定の目安になる

例 50m×10（20秒レスト）

ねらい

- 一つ一つの動きを効果的に結合させる
- うまく行かないときは各トレーニングに戻る

トレーニングポイント

Point 1
できるだけ水の抵抗をなくし、腕や脚で大きな推進力を生み出す

Point 2
自分の泳ぎの特徴を知り、得意な部分を伸ばし、苦手な技術を改善する

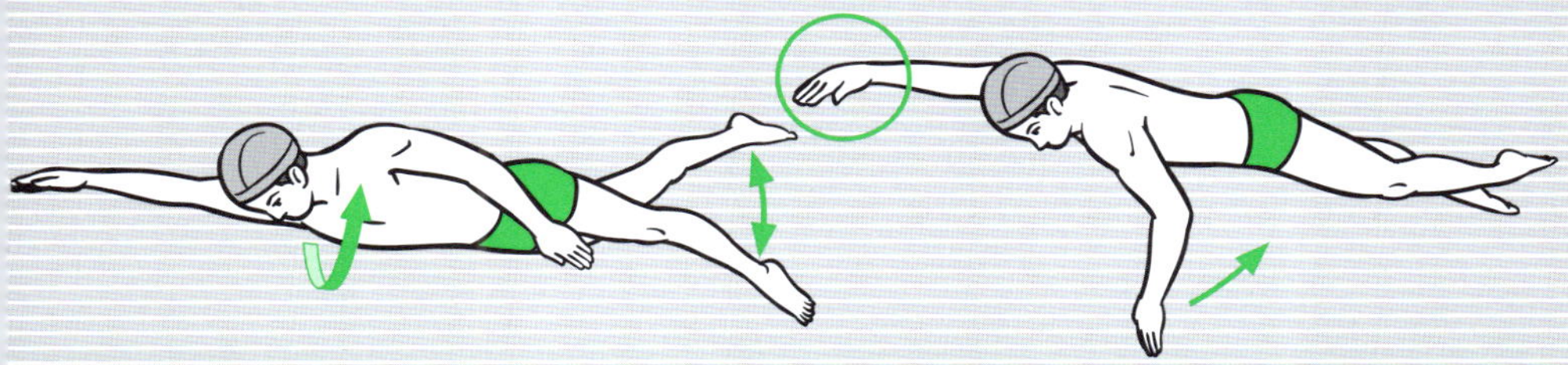

体のローリングを使いスムーズに全身を動かしていく。キックは止めずにリズムよく打つようにする

左腕が水をかききるフィニッシュの状態に持っていく。右手は入水するエントリーの動き

ウエットを着て練習

ウエットスーツを着て、トライアスロンの実戦により近い状態で泳いでみる。プールによってはウエットスーツを着用できないところもあるので事前に確認しておくこと

各スイムメニューを複合的にしたスイムの実践トレーニングドリル

▼SKPS／ミックスハード／タイムトライアル／○○サークル

SKPS(Swim・Kick・Pull・Swim)

頭文字の通りスイム＋キック＋プル＋スイムを連続して行う。中級者以上のウォーミングアップとして行うことが多い

例 SKPS400m（スイム、キック、プル、スイムを各100mずつ）

ミックスハード

１本ずつハード（スピードアップ）＋イージー（ゆっくり）を混ぜ、メリハリをつけてスピードアップを図る。４本を１セットとして行うのが一般的だ

例 ミックスハード　クロール50m×4（20秒レスト）
50mイージー→25mイージー＋25mハード→25mハード＋25mイージー→50mハード

タイムトライアル（TT）

ランと同様に、タイムを目指して全力で泳ぐ。板キック50mと400mクロールを定期的に計測すること推奨する

例 400mクロールTT
ウォーミングアップをしっかり行ってからチャレンジする（トータルで500～1000m泳ぐ）

○○サークル

たとえば「100m×10・2分サークル」という場合、100mを泳ぐタイムと休む時間のトータルを2分とする。1分40秒で泳いだら、20秒間の休みになり、泳ぎに1分50秒かかったら休みは10秒間になってしまう、ということだ

Glossary of Triathlon Terms

トライアスロン用語集 2 レース実践編

レースにおける実践用語や体調管理に関する用語を解説!

レース実践用語

■ トライアスリート
トライアスロンに参加する、あるいは参加を目指す選手のこと。

■ デュアスリート
デュアスロンに参加する、あるいは参加を目指す選手のこと。

■ ボディーマーキング
上腕部と太ももにレースナンバーを明記する。油性のマジックで書くが、ITUワールドカップではタトゥー・シールを用いる。

■ レースナンバー
大会ごとに、選手に付与される識別番号。ウェアに付けるこの番号を書いたもの（紙および布製）をナンバーカードとも呼ぶ。ゼッケンという呼称は使わない。

■ スタート
トライアスロン競技の始まりを意味する。バイクスタート、ランスタートのように、各種目の始まりを示す場合もある。

■ ウェーブスタート
スタートの際に、カテゴリー、競技力、年齢などにより選手をグループ化し、時差を設けてスタートさせる方法。スタート直後の混雑への安全対策に有効。

■ エイドステーション
競技コース途中に設営され、水分、果物、軽食などが供給される。大会が用意したスタッフから手渡されることが一般化している。通常、大会が用意したボランティアスタッフから手渡されることが一般化している。ボランティアに感謝しつつ、いただくこと。

■ トランジション
スイムからバイク、バイクからランへと競技種目を転換すること。ここでの速さがタイムに影響するため、トライアスロンの「第4種目」といわれることもある。

■ トランジションエリア
トランジションを行う場所。コースの一部であり、選手以外の立入りは厳しく制限される。バイクラック、トイレ、更衣テント、エイドステーションなどが設置される。

■ ドラフティング
おもにバイク競技で先行する選手の直後を走り、スリップストリームを利用し、また先行する選手を風よけとして、競技を有利に展開する戦術。エイジグループでは禁止されているが、ＩＴＵワールドカップなどのエリートレースでは公認される場合が多い。スイム、ランではエイジグループ、エリートとも禁止されない。

■ ストップアンドゴー（SG）ルール
ドラフティング禁止のバイク競技中、ドラフティングなどの不正行為があった場合マーシャルにより宣告されるペナルティ。宣告された選手は直ちに安全な路肩で停止し、降車後バイクを両手で持ち上げ、マーシャルの「ゴー」の合図を得て競技に復帰することができる。

■ フィニッシュ
競技終了のこと。総合フィニッシュのほか、スイムフィニッシュ、バイクフィニッシュなど、種目ごとでも用いられる。ゴールという呼称は使わない。

体調管理用語

■ ピーキング
試合前に体調を整え，試合時に最高の状態にすること。

■ カーボローディング
レース前に炭水化物をたくさん摂取すること。運動時のエネルギー源であるグリコーゲン(炭水化物)を蓄え，持久力をアップさせる働きがある。

■ カーボパーティ
正式にはカーボローディングパーティ。トライアスロンのような持久運動に多く必要な炭水化物（カーボ）を蓄積するための食事会を意味するが、大会前夜のパーティを示すことが多い。

■ ハンガーノック
トライアスロンや自転車競技などの運動中に、エネルギーの補給なく続けることにより、体が動かなくなる症状・状態をいう。体に蓄えられた糖分（グリコーゲン）が長時間のエネルギーの消費により枯渇して、血糖値が極端に下がった状態になることが原因で、それ以上運動を続けることが困難となる。

TRAINING OF TRIATHLON

PART 5

速く安全に「バイクトレ！」

▼バイクトレーニングの考え方

バイク操作技術を身につけてからレースに向けたトレーニングを実践する

最初にロードバイクを自分の体にフィットさせる

ランやスイムは、生身の体でレースやトレーニングを行うのに対し、バイクは自転車という道具に依存して行う種目です。つまり最初にバイクの機能や性能、特徴を正しく理解しなければなりません。その上で「バイクを体にフィットさせる」ことに取り組む必要があります。

トライアスロンで使用するロードバイクやTTバイク（2級以上になったら使用を推奨）は、性能や操作法が街乗り用の一般的な自転車とは異なりま

ねらい

- バイクを自分の体にフィットさせる
- バイクの機能や操作法をマスターする
- テクニックを基礎から順に習得する

トレーニングポイント

Point 1
ロードバイクの仕組みを知り、自分の体とフィットさせる

Point 2
ストレッチとスイッチをしっかりと行い、効率のよいバイクの乗り方を覚える

Point 3
テクニックは基礎から段階を踏んで身につけていく

す。しかも容易に時速30～50㎞のスピードが出るので、ちょっとしたミスが大きな事故を招くことになります。しっかりと**自分の体にフィットさせ、その上で、バイクを正しく操作する技術を身につけていきます。**

ランやスイムと同様、スイッチも行います。PART2で紹介したマストスイッチの他、バイク用のスイッチ3種類を行い、体幹を使った乗り方ができるようにしておきましょう。

その後で、「止まる」、「進む」、「曲がる」といった基礎テクニックを練習し、実戦に近いトレーニングに入ります。インドアでできるメニューもいくつか挙げてありますから、時間をうまく使って取り組むようにしてください。

バイクのトレーニング公式

P ▶ **パフォーマンス**

各級共通　10～40kmタイムトライアルのタイムアップ

＝

A ▶ **正しい動き方**

- マストストレッチ
- マストスイッチ
- バイクスイッチ
- セッティング（サドル／ポジション／ペダリング）

×

B ▶ **練習メニュー・練習量**

- 白線で止まる
- 白線をまっすぐ走る
- スラローム
- Uターン
- 8の字
- コーナーリング
- 基礎ライド
- ミドルペースライド
- ハイペースライド
- 起伏ライド

など

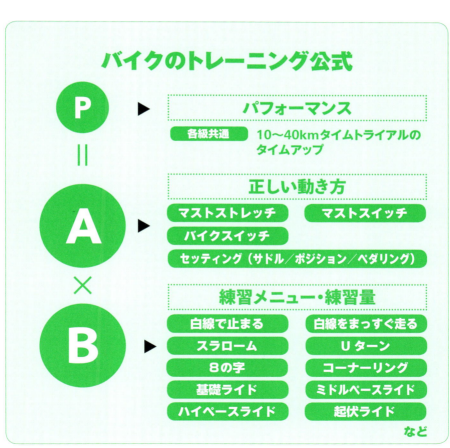

▼バイクの基本フォーム

ハンドルを引いて前方を見据え 腹筋を意識できる姿勢を作る

骨盤を立てて背中を丸め リラックスしてハンドルを引く

レースではランやスイム以上に長い時間を要するバイクパート。できるだけ疲れにくく、かつバイクの性能を最大限に発揮するために、正しいフォームを身につけてください。

チェックポイントは、「腰」、「目線」、「手」、「姿勢」の４つ。肩の力を抜き、リラックスして乗ることが重要です。とくに力んでしまいがちなレース本番や、トレーニングで疲労が溜まってきたときに、落ち着いて自分のフォームを確認するようにしましょう。

姿勢

腹筋を意識できる姿勢を作る。緩やかなカーブを描くように背中を丸めると、走行時に風の抵抗を減らすことができる

手

ハンドルを引くように、常にしっかりと手を引っ掛けておくことで肩甲骨が使える

ワンポイント Memo

バイクが自分の体に フィットしているか確認する

基本的にはストレッチとスイッチをしっかり行い、体幹を使えるようになっていれば、自然と正しいフォームが身につく。ただし、体のどこかに痛みが生じたり、違和感を覚えたりしたら、基本フォームをいま一度、確認するようにしよう。また、それでも問題が解決しない場合は、バイクが自分の体にフィットしていない可能性がある。サドルの高さなど、あとで解説するセッティングの部分も見直してみよう。

腰

骨盤はしっかりと立てる。重力に負ける形で腰を落としてしまわない

目線

あごを引いて前方を見据える。頭を上げすぎると首に負担がかかるが、下げすぎても前方確認がおろそかになる

▼バイクスイッチ

サドルをまたぐ前に体幹部にスイッチを入れる

踏みつけ

一直線上に位置するヒザのお皿と拇指球を、真下に下ろすイメージで踏みつける。

回数 左右各20回

この際に拇指球と腹筋、お尻の３点がしっかり意識されていれば体がブレない

P＝A×B

BIKING SWITCH 02

引きずり

踏みつけた脚を後方に引きずる。足裏（拇指球）についたガムを取るようなイメージで、地面に強い力を加えながら行う。

回数 左右各20回

コツ
お尻下の筋肉を意識して足を引く

BIKING SWITCH 03

引きつけ

引きずりで後方に脚を引いた状態から太ももを腹筋で力強く引き上げる。このとき、しっかりとハンドルを引くことを意識する。

回数 左右各20回

PART 5 バイクトレ

▼サドルセッテイング／ポジション／ペダルにのせる足首の角度

体にフィットするバイクの準備を行う

乗り手とバイクの一体感が速く安全な走りを生む

トライアスロンで乗るロードバイクは、体にフィットした状態で、正しく操作しないと、その持ち味を十分に発揮できません。乗り手とバイクの一体感が大切になります。

バイクを使ったトレーニングに入る前に、体に合った高さにサドルを設定し、正しいポジション姿勢をとり、足首の角度を確認しましょう。こうしておくことで、**スタミナ面で効率よく、同時に速く、そして何より安全に走る**ことができます。

サドルセッテイング

サドルの高さとは、クランクの中心（BB）からサドルの一番上部までのこと。ハンドルの高さ、クリート（足裏）の位置なども重要だが、初心者は専門店で相談するのがベストだ。

靴を脱ぎ、拳が2つ入る広さに足を開いてまっすぐに立ち、股下の長さを測る

股下を測る！

「股下の長さ×x」で計算する。xの値は、初心者は0.86〜0.87、中級者は0.87〜0.88、上級者は0.88〜0.885が目安

P = A × B

ポジション姿勢

バイクにまたがったらハンドルを引き、骨盤を立てて（後傾させる）座り、背中はゆるやかなカーブを描くように丸める。ヒジは軽く曲げておく。

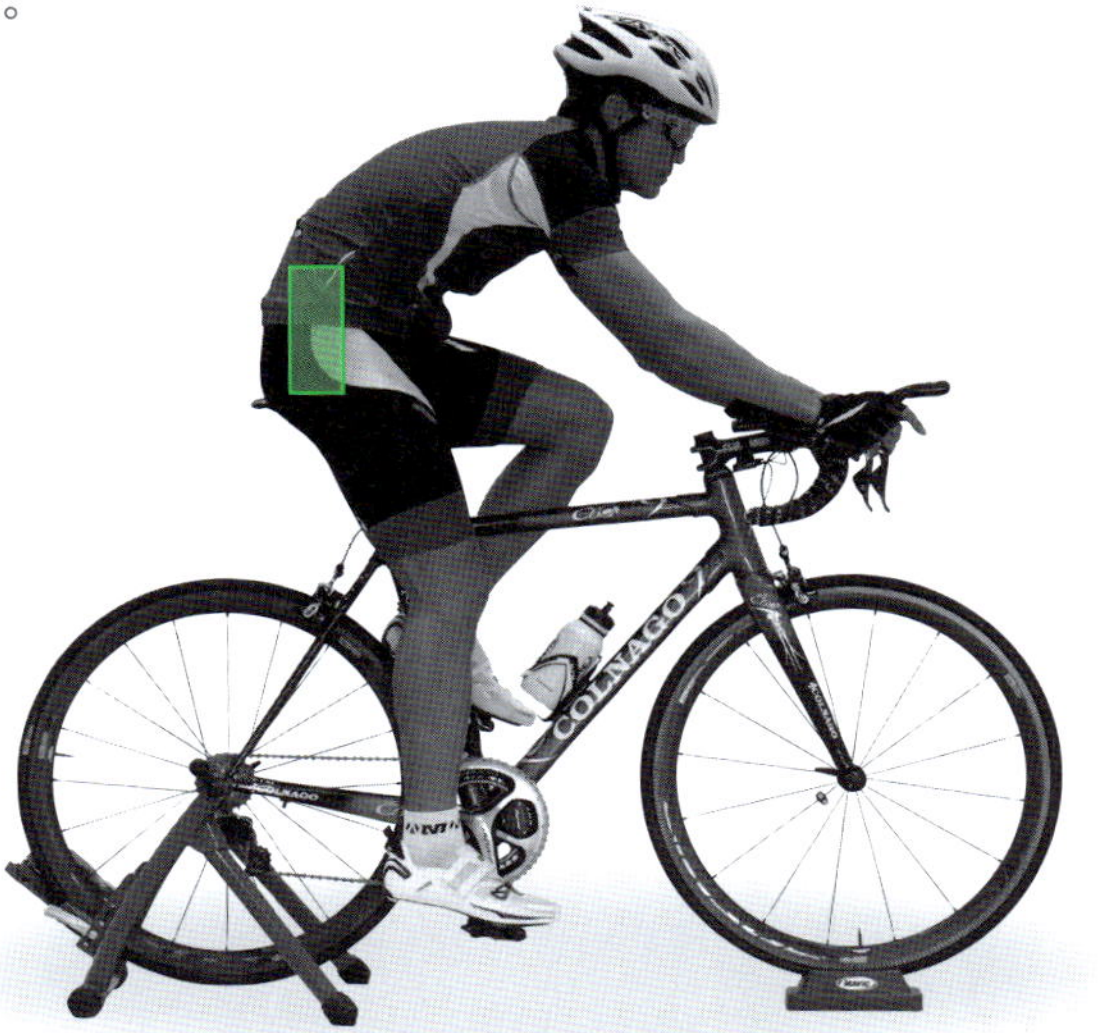

背筋とヒジは伸ばさない

背筋が伸びていると風の抵抗を受けやすい

ペダルにのせる足首の角度

足首は固定しておく

ペダルにのせている足の足首（カカト）は常に一定角度に保つ。これによりふくらはぎなどにかかる負担は軽減され、体幹が使いやすくなる

アンクリングはなるべくしない

カカトの位置を上下させることをアンクリングと言うが、脚に負荷がかかるため、一般的には良くないとされている。この後のランにも響く

PART 5 バイクトレ

▼ハンドルの握り／ポジション変更

ハンドルをしっかり引くことで体幹を使って走ることができる

P＝A×B

状況や目的に応じて握り方を変える

ロードバイクの**ハンドル（ドロップバー）の握り方はスピードに応じて、あるいは疲労を軽減するといった目的によって変わってきます。**オーソドックスなのは以下の3種類です。

ブラケット部分を握るニュートラルな握り方。そして、ドロップバーの下部を握る握り方と、バーの上部を握る握り方があります。ハンドルの持つ位置によって姿勢も変わるので、とくに長時間乗り続けないといけない場合に持ち替えると疲労を軽減できます。

ニュートラルなポジション

ハンドル両端のわん曲している「ブラケット」部分を握る。ブレーキ操作やギヤ変速がすばやくできる握り方

上体の角度は、他の2つの握り方の中間。平地の巡航時や下りで握るが、ダンシングへの移行がしやすいのが特長だ

ワンポイント Memo

上半身を固定させることで脚がスムーズに回る

バイクは一見、上半身の動きがありません。しかし、しっかり固定されているからこそ脚が軽くなります。腕を引くことで肩甲骨が寄り、腹筋に力が入って、脚がスムーズに回るわけです。〝使っていない〟状態と〝動いていない〟状態は違うということを理解しましょう。

ドロップバーの下部を握る

スピードを上げたいとき、あるいは下り坂で重心を下げて安定させるときの握り方

ニュートラルなポジションに比べ、上体が倒れるため、空気抵抗を受けにくい。ただ、腹筋や背筋が鍛えられていないと、このポジションを長時間維持するのは難しい

ドロップバーの上部を握る

リラックスしたいときの握り方。ブレーキ操作やギヤ変速はできない

ニュートラルなポジションに比べ、上体が起きるため、胸が開いて呼吸がしやすくなる。上り坂などで使う。ただし、空気抵抗をもっとも受けるポジションだ

DHポジション

別売りで購入し、ハンドル部分に装着するＤＨバー（エアロバーとも言う）。初心者にはおすすめできないが、これをつけることで空気抵抗を軽減できる。ＴＴバイクも同様。つける場合は、バーを後方にしっかり引く意識を持つ。DHバーは3級、TTバイクは２級以上が推奨!

PART 5 バイクトレ

▼ペダリング

基本は三角ペダリング とくに引く動作を意識する

引く動作も力にできるのが ロードバイクの特徴

シューズとペダルが固定されるロードバイクでは、踏み込む動作だけでなく、ペダルを後方に引き、引きつけるという動きでもパワーを生み出せます。バイクを横から見たとき、ペダルは円を描くものの、足は**「真下に踏み込む、踏みつけ」→「真上に戻す、引きずり」→「後方に引く、引きつけ」とトライアングル状に動かすと、スムーズに回せます**。基本は三角ペダリングです。また、乗る前にバイクスイッチを行うことで意識しやすくなります。

三角ペダリング

上死点

① 踏みつけ

③ 引きつけ

② 引きずり

下死点

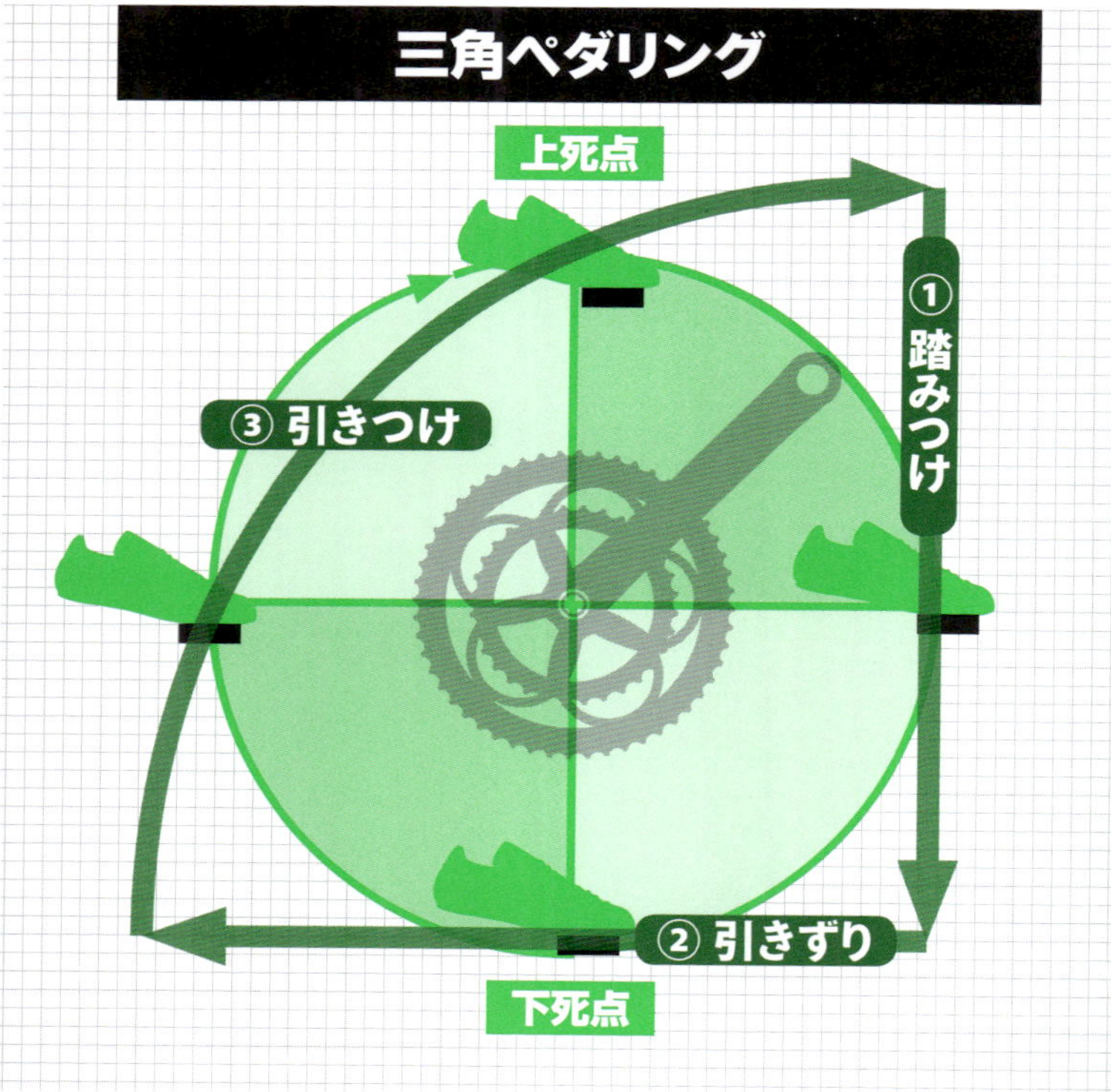

バイクは力任せにこいでも、いたずらに体力を消耗するだけ。ロードバイクのペダルは、「踏み込む」ことと「引く」ことで推進力を生み出す。「三角ペダリング」を意識しよう

三角ペダリングの動き

① 踏みつけ

真上のスタート位置から真下に踏み込む

この動きは一般的な自転車と同じ。カカトの位置を上下させず、足首を固定したまま動かす。力を入れて踏み込むというより、お尻を使って踏み下ろすイメージだ

② 引きずり

踏み込んだペダルを後方に引く

真下に到達する少し前の位置から後方に引く。脚の力に頼らず、お尻の下を使って引く。このとき、ハンドルもしっかり握って引いておくことがポイントだ

③ 引きつけ

ペダルを真上のスタート位置に戻す

ペダルが最後方に到達する少し前の位置から真上に戻す。腹筋を使い、ヒザをハンドルバーにぶつけるイメージで。足の動きが三角ペダリングになっていることを理解しよう。このとき、ハンドルの引きが大事になってくる

▼バイクテクニック実践トレーニングのコツ

PART 5
バイクトレ

土台を作ったらスピードを意識したトレーニングで実戦感覚を磨く

P＝A×B

安全面を考えて止まる、曲がるを身につける

バイクを自分の体にフィットさせ、主な機能や操作法を覚えたら、ようやく実際にバイクに乗って行うトレーニングに入っていきます。

まずは、狙った場所に確実に止まることから。バイクを安全に楽しむためにも絶対に習得しておかなければいけない技術です。

それからまっすぐ走ったり、曲がったりする基礎テクニックを身につけていきます。広い公園や空き地など、安全を確保できる場所で行うようにして

ねらい

- 止まる、まっすぐ走る、曲がるという基礎テクニックを習得
- 基礎ライドや起伏ライドで長い距離を走る
- 実走では難しいメニューはインドアで行う

トレーニングポイント

Point 1
安全を確認し、交通ルールを遵守して行う

Point 2
持久力の向上やスピードを磨くなど、目的を意識したメニューを組む

Point 3
ペダリングドリルを積極的に取り入れる

ください。

距離を伸ばして走るメニューとしては、**ラントレーニングのジョギングに相当する基礎ライドから始めます。ここでバイクトレーニングの土台を作ってから、スピードを意識した走りで実戦感覚を磨きましょう。**起伏ライドは心肺機能に刺激を加えることに加え、上り坂や下り坂を攻略するテクニックも身につきます。

制限速度や信号など、交通ルールを遵守しなければならないバイクでは、実走ではできないメニューも出てきます。そこでローラー台などを使用し、屋内でペダリングドリルなどを行うことで心肺や筋力強化などを目指します。

実践トレーニング種目一覧

P = A × **B**

- 白線で止まる
- 白線をまっすぐ走る
- スラローム
- Uターン
- 8の字
- コーナーリング
- 基礎ライド
- ミドルペースライド
- ハイペースライド
- 起伏ライド

など

▼白線で止まる／まっすぐ走る

ブレーキの効きを確認し止まりたい場所に止まる

P＝A×B

できるだけ短い制動距離で止まれるようにする

バイクの設定や基本的な操作を覚えたら、いよいよバイクに乗っていきます。最初は止まる、まっすぐ走るという基本的な動作から。安全を確認できる場所で乗り始めましょう。

とくに止まる動作はもっとも重要です。**ロードバイクは、下り坂では時速50キロを超えることもあります。ブレーキの効き具合を知り、止まりたい場所にきちんと止まれるように**しておく。それがレースや練習時の事故を防ぐための最低限のマナーです。

ワンポイント Memo

急ブレーキは前輪4割後輪6割の配分を目安にする

とっさに急ブレーキをかけなければいけない場面では、前輪ブレーキが４割、後輪ブレーキが６割程度の配分を目安にする。前輪ブレーキが強すぎると、後輪が浮き、前につんのめってしまって危険。逆に後輪ブレーキが強いと、短い距離で止まることができない。急ブレーキ時は、お尻をサドルより後方に素早く引くことが重要だ。また、ブレーキにはスピードコントロールの役割もある。とくにコーナーや下り坂など、スピードの急激な変化が求められる局面を落ち着いてクリアするためにも、繰り返し練習しよう。

➡ トレーニングポイント

Point 1

基本的な動作だからと甘く考えず、安全な場所で、白線や目標物などを使って、できるようになるまで繰り返し行う

Point 2

速いスピードでも止まれるようにする。遅いスピードでもまっすぐ走れるようにする

白線で止まる

通常、右レバーが前輪のブレーキで左レバーが後輪のブレーキ（逆もある）。両方を使いながらスピードを緩め、目標の白線で止まる。ビンディングの着脱も公道に出る前に必ずマスターしておくこと!

足をついて止まる。少しずつスピードを上げて、短い制動距離で止まれるようにしたい

白線が近づいたら落ち着いて片足のビンディングをはずし、腰を浮かせる

白線をまっすぐ走る

練習やレースでまっすぐ走らなければならない場面が出てくる。そういうときのために、直線の上を走れる技術を磨いておこう。ポイントはリラックスすることと、近くを見すぎないこと。肩の力を抜いて、白線は間接視野に入れながら視線を前に向ける。それによってバイクがフラつかず、安定した走りが可能になる。

PART 5
バイクトレ

▼スラローム／Uターン

安全に自転車を取り回すための実践トレーニング

P
=
A
×
B

スラロームやUターンで曲がるテクニックを磨く

止まる、まっすぐ走る技術の次は、曲がるテクニックを覚えていきます。

等間隔に置いた目標物を避けながらジグザグに走行するスラロームでは、バイクを傾ける角度やタイミングが身につきます。リズミカルにバイクを左右に倒し込んでいきましょう。

Uターンは**コーナーの外側からインに向かって侵入し外側から抜ける「アウト・イン・アウト」が理想**ですが、インから入る、大回りをするなど、いろいろな曲がり方を試してみます。

スラローム

視線は各コーナーの先に置き、ペダルは回転を止めない。頭を支点としてバイクを振り子のようにリズミカルに左右に振りながらスラロームを抜ける

Uターン

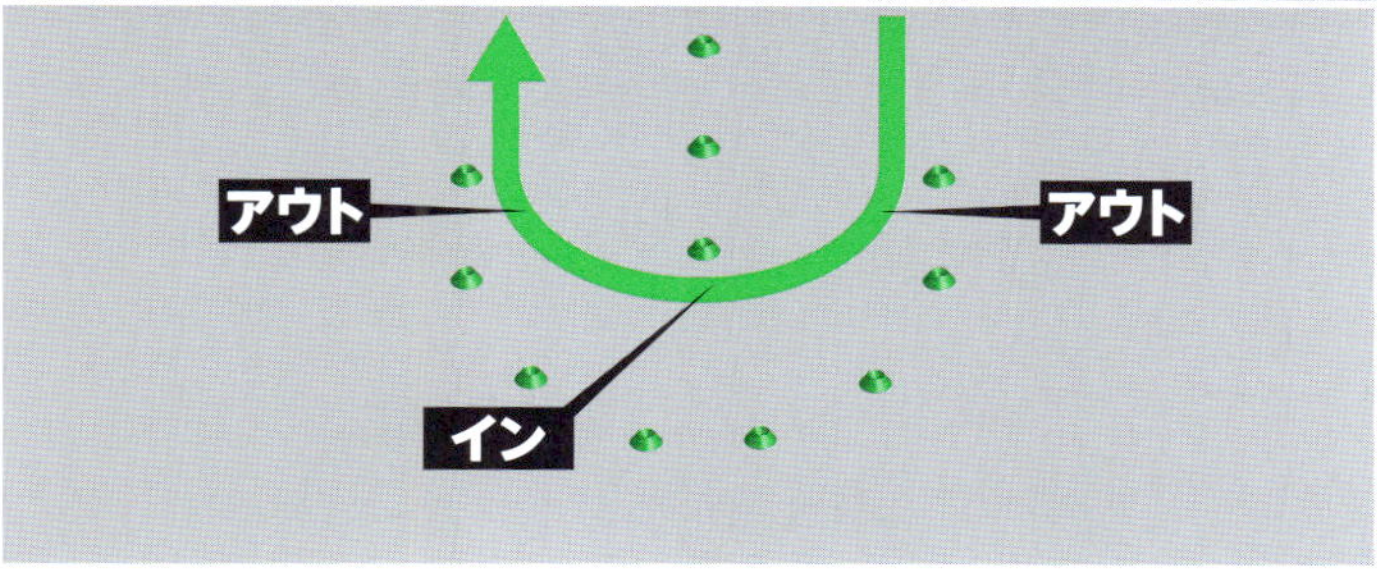

コーナーの外側からインに向かって侵入し、外側から抜ける「アウト・イン・アウト」が理想。イン側のペダルを上に回転を止め、アウト側の足でしっかり踏ん張ってカーブを曲がる

実際のレースでは他の選手の位置取りによって、それができないケースもある。インから入ったり、コーナーを大回りしたり、いろいろな曲がり方を試してみること

➔ トレーニングポイント

Point 1

スラロームは、前後輪の内輪差の感覚や低速走行でのバランスも養える

Point 2

練習パートナーがいれば、Uターンを一緒に行うことで技術がより向上する

PART 5

バイクトレ

▼8の字

8の字に走行し左右のコーナーリング技術を磨く

P＝A×B

ペダルは止める、こぐを速やかに切り替える

8の字走行のトレーニングは、左右のコーナーリングを繰り返しながら、ペダルを止める、回転させるという細かい動きを覚えることができる万能トレーニングです。動きのコツは前ページのUターンと同じですが、次のコーナーがすぐにやってくるので、慌てずに曲がっていくことが大切です。**ペダルは、両端の半円上では回転を止め、中の半円状ではこいでバイクを加速させます。**ペダルを速やかに切り替えると、スムーズに走行できます。

両端の半円上ではペダルはこがない。イン側のペダルを上にしたまま止めて、アウト側の足で踏ん張ると安定する

➜ トレーニングポイント

Point 1

ペダルを「止める」、「こぐ」の切り替えをタイミングよく行いきちんと加速する

Point 2

円の半径は５ｍ程度。それより大きすぎても小さすぎても効果的な練習にならない

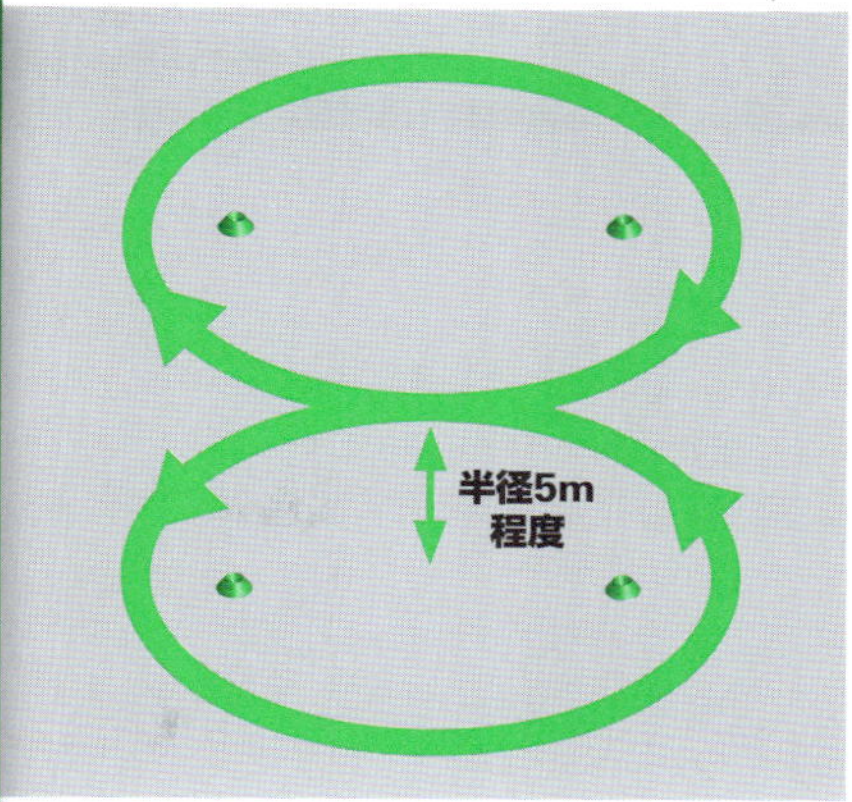
半径5m
程度

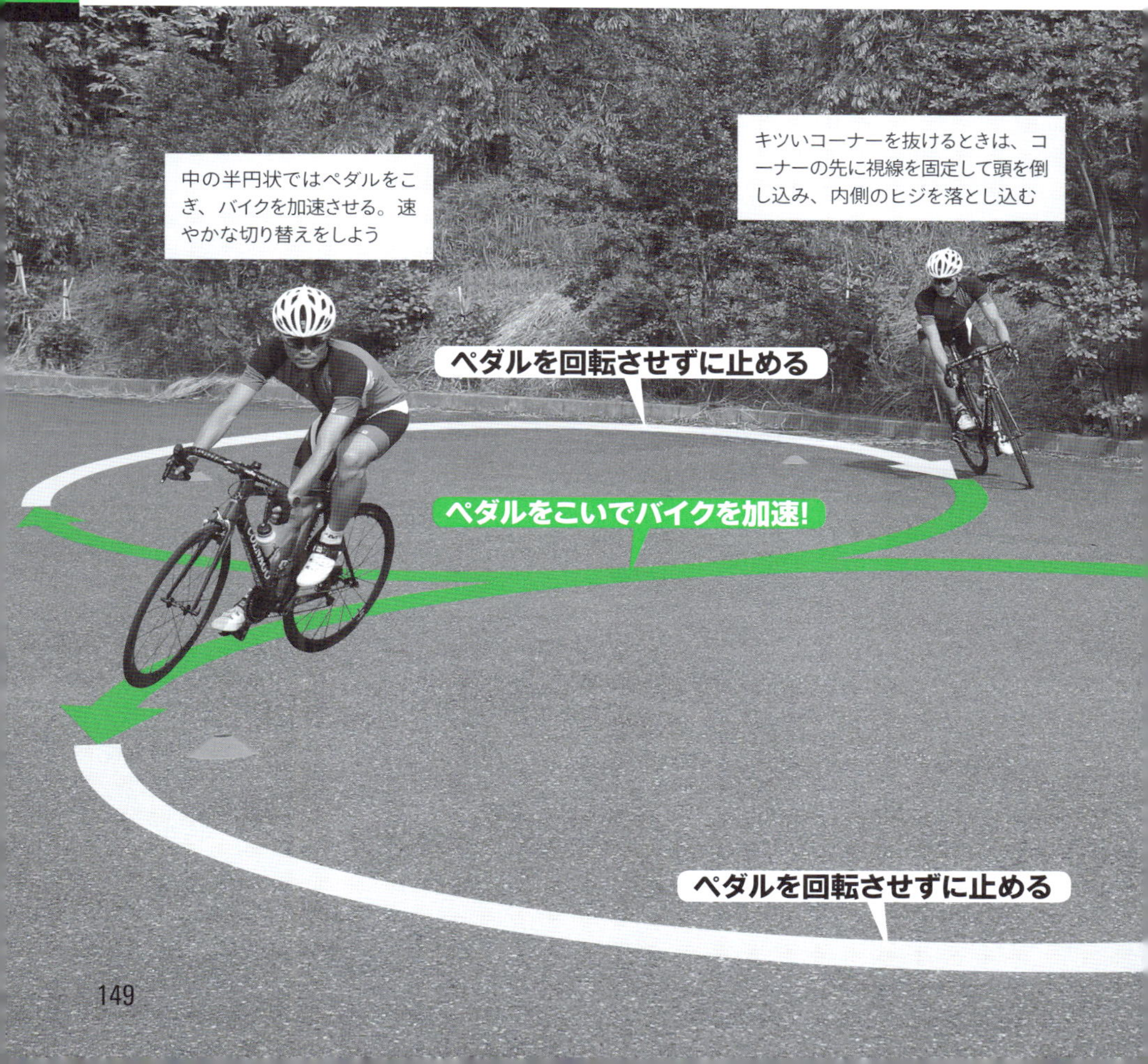
中の半円状ではペダルをこぎ、バイクを加速させる。速やかな切り替えをしよう
キツいコーナーを抜けるときは、コーナーの先に視線を固定して頭を倒し込み、内側のヒジを落とし込む
ペダルを回転させずに止める
ペダルをこいでバイクを加速!
ペダルを回転させずに止める

▼コーナーリング

体と一体化させたバイクを イン側に傾けてコーナーに入る

P＝A×B

コーナー入口で 取るべきコースを判断する

スラロームや8の字トレーニングで学んだ曲がり方を、もう少し実践に近づけてみます。ここではスピードに乗って走ってきてからの確実なコーナーリングを身につけましょう。

重要なのはコーナーの入口で、取るべきコースを素早く判断、決定すること。**コーナーに入ったら遠心力に逆らうため、バイクを体と一体化させたまま、イン側に傾けます。**このとき、ペダルはこがず、イン側のペダルが上に来ているようにします。

ライン取り

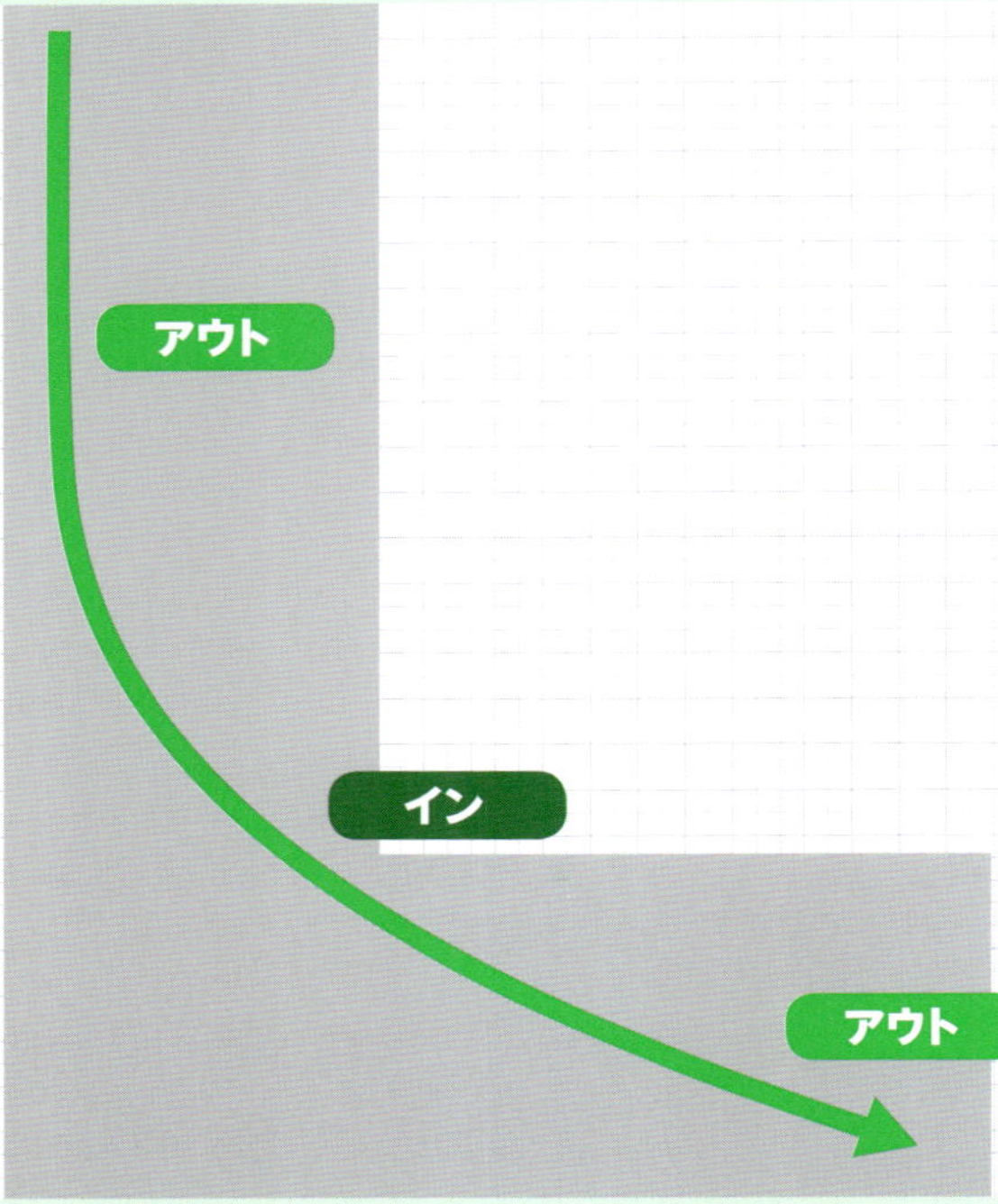

※公道でのトレーニングは車線をはみ出したりせず、十分に注意を払って下さい

ねらい

- コーナーの入口でコース取りを確認できるようにする
- アウト・イン・アウトのライン取りを身につける
- バイクを体と一体化させてコーナーリングする

トレーニングポイント

Point 1
安全な場所で、ある程度スピードを出してからコーナーに入る

Point 2
仲間がいれば、２人以上で並走しながらコーナーリングを行ってみる

遠心力に逆らうために、バイクをイン側に傾ける。上体だけが起きていることのないように
レースでは選手が密集していることもある。コーナー入口で取るべきコースを決めておく
ダム堤体→
コーナーリングの最中はペダルはこがない。イン側のペダルを上にしたままにする
コーナーの出口に来たら、バイクの傾きを戻しながら、ペダルをこぎ始める

▼基礎ライド／ミドルペースライド／ハイペースライド

大事なのはスピードよりまずは回転数 基礎ライドでバイクの土台を作ろう

P＝A×B

楽に快適に走ることがバイクのレベルアップになる

ラントレーニングの「ジョギング」にあたるのが、基礎ライド。バイク練習の中心となるトレーニングで、基礎を作る上でとても大切です。**「速くではなく楽に」を目標にスピードよりも回転数を意識して、快適に乗ることを心がけてください。**次は基礎ライド以上の速さで走り、スピード感覚を磨いていきます。ミドルペースライドは、ランの「快調走」に似たトレーニングで、レースペースを組み込むトレーニングが、ハイペースライドです。

基礎ライド

平地を走ることを基本とし、１分間あたりのペダルの回転数は、90～100回転を意識する。これにより、持久力アップやハードな練習に耐えられる体のベース作り、疲労回復などが期待できる

例

基礎ライド120分
途中休憩15分前後あり
アベレージスピード／時速25～28キロ（ラン３級以上の場合）

※アベレージスピードとは…メーターに記されるそのトレーニングのアベレージ速度

➡ トレーニングポイント

Point

平地で１分間あたり90～100回のペダル回転数を意識する。速く走ろうとせず、快適な走りを一定ペースで続ける

ミドルペースライド

基礎ライド以上、レースペース未満のスピードを意識して走る。ラントレーニングの「快調走」に似たトレーニング。なるべく安全なコースで、頑張り過ぎないぐらいのペースで走ること。90回転以上で行う

例

ミドルペースライド90分
アベレージスピード／時速27〜32キロ（ラン３級以上の場合）

ハイペースライド

基礎ライドの最中に、レースペースを組み込むトレーニング。サイクリングロードや見通しのいい安全な道で行う。DHバーやTTバイク時ではそのフォーム、スピードを確認する。90回転以上で行おう

例

基礎ライド45分＋ハイペースライド（レースペース確認）20分＋基礎ライド45分

PART 5
バイクトレ

▼起伏ライド

上り下りのテクニックを磨き心肺機能に刺激を入れる

P＝A×B

上りは効率よく上り下りは重心を後ろにしておく

起伏ライドは、アップダウンのあるコースで行うトレーニングです。**上りや下りの走り方を身につける他、上りを走ることで筋力をつけ、心肺機能も刺激できます。**ランニングで起伏を走って脚を強化する「クロスカントリー走」に近い目的があります。

上りでは座ったままこぐシッティングと、立ちこぎのダンシングをうまく使い分けましょう。下りではブレーキングに備えて、腰を引き、重心を後輪側に移動させておきます。

下り

下りは上りの後に訪れることが多く、疲労回復のチャンスでもある。ただ、スピードが出やすいので、体重移動で加重をコントロールし、転倒などに注意したい ※写真は急な下りの場合

下りでは前輪への加重が大きくなる。平地のような感覚で乗っていると、急なブレーキングで後輪が浮く危険がある

肩や腕に力を入れず、腰を引いて重心を後輪側に。視線は近すぎない程度に前方を向け、体幹で上半身を支える

➜ トレーニングポイント

Point

アップダウンのあるコースを走ることによって様々なテクニックが身につくだけでなく、体に刺激を与えることができる。上りではできるだけ一定ペースで走ろう

上り（シッティング）

上りに入る前に軽いギヤに変速し、坂を上りきるまでできるだけ同じペースを維持する。上体をやや起こし、ハンドルをしっかり引いて、体重がペダルの上にしっかりかかる体勢にする

上り（ダンシング）

きつい上りではダンシングが有効。サドルから腰を浮かせ、頭から最下部に来たペダルを軸として、バイクを左右に振りながらこぐ。シッティングより心拍数は上がるが、脚を少し休めることができる

▼インドアトレーナーのコツ

外でのトレーニングができないときはインドアトレーナーを使う

P＝A×B

実走ではやりづらいテクニックを向上させる

　冬の寒い日や夏の暑い日、あるいは風雨が強いときは、なかなか外でトレーニングする気になれません。そこでおすすめしたいのが、ローラー台などのインドアトレーナー。事故の心配をすることなく屋内でバイクに乗れるので、忙しい方には最強のトレーニングアイテムと言えます。

　ローラー台はおもに「3本ローラー台」と「後輪固定型ローラー台」があります。3本ローラー台は実走に近いトレーニングが可能な一方で、慣れないと落車してしまうこともあります。後輪固定型ローラー台は、転倒の危険はないので初心者向け。購入の際は、専門店で実物をよく見てから購入するようにしましょう。

　ローラー台を使ったトレーニングとして、基礎ライドの代わりとなるイージースピンや、158ページで紹介するペダリングの各種ドリルがあります。**実走ではやりづらいテクニックの向上を始め、高負荷による筋力強化や心肺機能の刺激、フォームの確認などを効率よく行ってください。**とくにペダリングドリルは地味できつい内容ですが、レベルアップには欠かせません。

ねらい

- 実走ではやりづらい技術向上
- 心肺への刺激を効率よく行う

➡ トレーニングポイント

ローラー台を使って、環境に左右されないトレーニングを集中して行う。疲労回復や気分転換としてもOK

イージースピン

ローラー台を使った基礎ライド。 １分間あたり90〜100回転を意識しながら、 軽いギヤで回す

骨盤を立てて（後傾させる）背中を丸めた正しいフォームで行う

ペダルは三角ペダリングを意識する。引く動作をしっかり意識しよう

Point

基礎ライドと同じなので、 速くではなく、楽に快適に乗る意識を持とう

意識ペダリング

三角ペダリングの踏みつけ、引きずり、引きつけ動作をそれぞれスキルアップさせる。ギアを少し重くして60回転でしっかり意識しながら行う

例

踏みつけ右30秒意識＋左30秒意識、引きずりも同じ、引きつけも同じ。
それぞれの間にイージースピン２分ではさみ、１セット５分を２～３セット

Point

回転数を落とすことで意識をしやすいので、ゆっくり丁寧に行う

片足ペダリング

一方の足のビンディングをはずし、ローラー台に載せておく。片足だけでペダルを回す。後方に引き、真上に戻す局面をとくにしっかりしよう

例

右足１分＋左足１分＋両足つけて１分。
１セット３分を３～４セット

Point

30秒を超えると、足がカクンカクンしてくるので、スムーズに90回転を意識

腹筋ペダリング

ハンドルから離した両手をお腹に当て、背中を丸めるようにし、
腹筋で上体を支えながらペダルを回す

例

30秒ドロップハンドルの下を持ったあと、その姿勢で手を離す30秒＋１分間のイージースピン。

１セット２分を３〜４セット

Point

腹筋がきつくなってくると体が起きてくるので、起きないようにキープする

高回転ペダリング

回転数を徐々に上げていき、回転力アップを目指すトレーニングだ

例

30秒100回転以上、20秒120回転以上、10秒マックス回転＋１分間のイージースピン。

１セット２分を２〜３セット

Point

回転が上がってくるとお尻が跳ね上がってくるが、姿勢を保持する

PART 5
バイクトレ

▼インターバル走／レースペース走

ローラー台を使っての実践型スピードトレーニング

P=A×B

バイク練習の総決算でレースフォームを意識する

最後に、ローラー台を使った実戦に近いトレーニングを紹介します。

インターバル走は、ラントレーニングと同様、ハードとイージースピンを交互に繰り返し、心肺機能のアップを目指します。

レースペース走は、レース時のスピードで走るトレーニングです。場所などの問題もあり、レースのように走れる機会はあまり持てません。ここでレースフォームを意識し、バイクトレーニングを締めくくりましょう。

インターバル走

狙いはランニングのインターバルトレーニングと同じ。ハードとイージーを繰り返し、実走では行いづらい心肺機能のアップを目指す。ハードのトータル時間は20～30分を目安とし、ハードとイージーの時間の比率は2：1を基本とする

レースペース走

一般道では行いづらいレースフォームで、スピードを意識したハードなトレーニング。レースに出場したと想定し、持てる力を最大限に発揮しよう

ローラー台60分前後メニュー例

スキルアップ編

アップ（イージースピン） 10分 ▶ ドリル▶意識ペダリング3セット 15分
▶ イージースピン 2分 ▶ ドリル▶片足ペダリング3セット 9分
▶ イージースピン 2分 ▶ ドリル▶腹筋ペダリング3セット 6分
▶ イージースピン 2分 ▶ ドリル▶高速回転ペダリング 3セット 6分
▶ ダウン 10分

合計62分

スピード＆心肺機能アップ編

アップ（イージースピン） 15分
▶ インターバル走2分ハード＋1分イージー ×10本 ▶ ダウン 15分

※１～３本＝徐々にレースペース（40kmTTイメージ）に上げる
※４～10本＝レースペースイメージで頑張る。ラスト２本はマックスで!

合計60分

スピード＆実践ペース・フォーム編

アップ 10分 ▶ レースペース走60% 10分
▶ レースペース走70% 10分 ▶ レースペース走80% 10分
▶ レースペース走90% 10分 ▶ ダウン 10分

合計60分

スキル＆スピード・トータル編

アップ 10分 ▶ ドリル▶片足ペダリング2セット 6分
▶ ドリル▶高速ペダリング2セット 4分 ▶ イージースピン 3分
▶ インターバル走3分ハード＋90秒イージー ×5本
▶ 1分ハード＋30秒イージー ×5本 ▶ ダウン 10分

合計63分

Glossary of Triathlon Terms

トライアスロン用語集 3 スイム編

トライアスロンの第１種目であるスイムの専門用語を解説!

スイム専門用語

■ スイム
トライアスロンの第1種目である水泳のこと。多くのレースでは、海、川、湖などのオープンウォーターで行われるため、コースロープで仕切られたプールとはまた違ったテクニックを要求される。

■ ストリームライン
泳ぎの基本となる形で「流線型」。水中でもっとも抵抗がない姿勢。

■ ストローク
水泳においては手で水をかくこと。一般にその１工程をストロークと呼ぶ(１回水をかくと１ストローク)。プール練習の場合、25mを何ストロークで泳げるかを知っておくといい。

■ プル
水中で手で水をかくこと。ストロークはおもに水をかく１工程を指すが、プルは水中で、水を上から下へ押す動作を指す。「P」と表す。

■ スカーリング
ストロークにおける「かき」の基本となる水をつかむ感覚を養う練習。

■ キャッチアップ
ストロークで、前方で両手が揃う寸前でかきはじめるテクニックのこと。

■ キック
水中で脚を動かして水を蹴る動作。４泳法のクロールでバタ足とも言われる。トレーニングでは、キックを「K」で表すこともある。

■ ドルフィンキック
バタフライで使うキックのこと。イルカの尾びれのような動きをすることから呼ばれた。

■ バックキック
背泳ぎのキックで仰向けになって打つこと。

■ サイドキック
体を真横に向けてキックを打つこと。

■ ビート
キックまたはキックを打つ速さやテンポのことを言う。

■ ブレス
呼吸をすること。息つぎ。ブリージングとも言う。

■ ヘッドアップ
顔を水上に出して泳ぐこと。目標物を確認しながら泳ぐ泳法のこと。

■ ビート板
浮力を得るために使う板状の用具がビート板だ。キックボードと言われることもある。

■ プルブイ
水泳の補助具で、足(股)に挟んで下半身の浮力を得るために使う。

■ ピッチ泳法
手(ストローク)と足(キック)をすばやいテンポで動かし泳ぐこと。

■ ドリル
繰返練習・反復練習のこと。スイムトレーニングの基本で、一般的に効率よく推進力を生み出す泳ぎを作るためのストロークなどの練習を指す。

■ コンビネーション
キックとプルを合わせることや、キックとプルを意識して泳ぐことなどを言うトレーニング用語。

■ レスト
休憩のこと。次のトレーニングドリルに備えて体を休めること。セット間の休憩をセットレストと言う。

■ インターバル
休憩時間のこと。

■ サークル
制限時間のこと。

■ バトル
トライアスロンのスイムスタート直後、選手が団子状態になって泳ぐため、周囲の選手にぶつかり、ヒジや脚が当たったり、逆に他の選手から頭を当てられたり、蹴られたり、乗られたりして、非常に危険な状態になること。スイムでは日常茶飯事だが、そうならないように注意することが原則。

■ ロングジョン
ノースリーブ形状のウェットスーツ(或いは水着)のこと。肩が露出しているので動きやすいのが特徴。一方、スリーブがあるフルタイプのものを「フルスーツ」と呼ぶ。ロングジョンに対して、股下がハーフしかない「ショートジョン」と呼ばれるスーツもある。

TRAINING OF TRIATHLON

PART 6

レースに挑む！「トレーニングプログラム」

▼青山式トレーニングプログラム

基礎期、適応期、調整期に分けてトレーニングを進める

レース1ヶ月前までは基礎作りの時期と考える

レース1ヶ月前までは基礎作りの「基礎期」です。ストレッチとスイッチをしっかり行うことは大前提になります。その上でPART3からPART5のラン、スイム、バイクのメニューをこなして、個々の種目のレベルアップを図っていきます。「種目別トレーニング期」という意識で取り組むのがいいでしょう。

40ページでランとスイムのタイムを計測し、現在の自分のレベルを級別にカテゴリー分けしました。ここでは各級ごとに行っていただきたいメニューを提示してあります。

ランは3級、スイムは4級という場合、低い方の4級をとってトライアスロンレベルとしましたが、トレーニング自体は種目ごとに該当する級のメニューを行ってください。ランが3級ならば3級を、スイムが4級ならば4級のメニューに沿ったトレーニングを行うということです。

バイクは、1級まではランとレベル(級)が一致していますので、ランの級にしたがって行ってください。

時間の取れない人は、ストレッチとスイッチだけでも行いましょう。

級別ラン&スイム参考タイム

5級	ラン ▶ 5km 35分	スイム ▶ 100m 3分
4級	ラン ▶ 5km 30分	スイム ▶ 200m 5分
3級	ラン ▶ 5km 25分	スイム ▶ 400m 8分
2級	ラン ▶ 5km 22分30秒	スイム ▶ 400m 7分
1級	ラン ▶ 5km 20分	スイム ▶ 400m 6分

トレーニングプログラムの3つの段階

基礎期 ▶▶▶ 大会1ヶ月前まで

適応期 ▶▶▶ 大会1週間前まで

調整期 ▶▶▶ 大会直前1週間

5級未満の1回のトレーニングメニュー

▶▶▶大会出場は勧められないので、基礎期メニューをコツコツ行う

RUN	トレーニング回数 ▶ 週2回〜	目標タイム ▶ 5km 35分

■ウォーク 30〜60分
■ジョギング 30分×1〜2回
※できれば通勤ウォーク1日計20分以上

BIKE	トレーニング回数 ▶ 週0回	目標距離 ▶ なし

まだバイクトレーニングは開始せず、ランをしっかり行う

SWIM	トレーニング回数 ▶ 週1回〜	目標タイム ▶ 50m泳ぎ切る

■壁ストリームライン
■アクアウォーク 200m
■けのび 10回（帰りはアクアウォーク）
■イルカとび 25m×4回（30秒レスト）
■腰掛けキック 30秒×4回（30秒レスト）
■ヒジ掛けキック 30秒×4回（30秒レスト）
■イルカとびキック 25m×4回（30秒レスト）
■クロール（呼吸は立って）25m×4回（30秒レスト）
■50m板キック TT目標90秒
■アクアウォーク 200m

計**850m**（アクアウォーク含む）

5級レベルの基礎期のメニュー

走りと泳ぎの基本を覚え バイクは慣れることから始める

5級は、ラン5㎞を30～35分で走ることができ、スイムを100m3分以内で泳げるレベルです。

ランとスイムは5級未満のメニューの量を少し増やした程度です。ランはジョギングが週2～3回になり、スイムは50m板キックの目標タイムが上がり、クロールのセット数が増えています。そこに**5級未満では取り組んでいないバイクトレーニングが新たに加わります。**ロードバイクに慣れることから始めましょう。

1回のトレーニングメニュー

RUN　トレーニング回数 ▶ 週2回～　目標タイム ▶ 5km 30分

■ウォーク 30分×1～2回
■ジョギング 60分
＊できれば通勤ウォーク1日計20分以上

BIKE　トレーニング回数 ▶ 週1回～　目標距離 ▶ 乗り慣れる

■ローラー台（イージースピン）30分
■ランシューズで乗り慣れる／ランシューズでブレーキ、8の字など／バイクシューズでビンディング着脱 ※公園など敷地内で自転車に慣れる
■慣れてきたらイージーライド 30～60分（レストあり）平地推奨

SWIM　トレーニング回数 ▶ 週1回～　目標タイム ▶ 200m 5分

■壁ストリームライン
■アクアウォーク 200m
■けのび10回（帰りはアクアウォーク）
■イルカとび 25m×4回（30秒レスト）
■腰掛けキック 30秒×4回（30秒レスト）
■ヒジ掛けキック 30秒×4回（30秒レスト）
■イルカとびキック 25m×4回（30秒レスト）
■板キック（顔入れ）25m×4回×2（30秒レスト・セット間2分）
■クロール（呼吸は立って）25m×4回×2（30秒レスト・セット間2分）
■アクアウォーク 50m
■50m板キックTT 目標75秒
■アクアウォーク200m

計**1200m**（アクアウォーク含む）

PART 6 トレーニングプログラム

▼青山式トレーニングプログラム・基礎期

4級レベルの基礎期のメニュー

走りと泳ぎの量を増やし バイクはいよいよ実走へ

４級は、ラン５㎞を25～30分で走ることができ、スイムを２００ｍ５分以内で泳げるレベルです。

ランではＬＳＤが加わり、スイムでは板キックの顔出しドリルやクロール50ｍなどが追加され、**走る量、泳ぐ量が増えます。正しいフォームを意識しながら１つずつクリアしましょう。**バイクは公道を走る基礎ライドに取り組みます。実走やビンディングに慣れていない方は、５級メニューをプラスすることをおすすめします。

１回のトレーニングメニュー

RUN　トレーニング回数 ▶ 週２回～　目標タイム ▶ 5km 25分

■ジョギング 45～60分×１～２回
■LSD 90分
※時間取れればジョギング30～60分追加

BIKE　トレーニング回数 ▶ 週２回～　目標距離 ▶ 90分以上（レストありでも）乗れるように

■ローラー台（ドリル＆イージースピン）30～60分
※実走やビンディングに慣れていない方は、５級メニューをプラス！
■基礎ライド 60～90分（レストあり）平地推奨

SWIM　トレーニング回数 ▶ 週２回～　目標タイム ▶ 400m 8分

■アクアウォーク 200m
■イルカとび 25m×４回（30秒レスト）
■イルカとびキック 25m×４回（30秒レスト）
■板キック（顔入れ）25m×８回（30秒レスト）
■板キック（顔出し）25m×８回（30秒レスト）
■クロール 25m×８回 or 50m×４回（30秒レスト）
■アクアウォーク 50m
■板キック 50mTT 目標60秒
■アクアウォーク200m

計**1300m**（アクアウォーク含む）

3級レベルの基礎期のメニュー

ランはスピード強化の段階へ 実戦を見据えた距離をこなす

3級は、ラン5㎞を22分30秒～25分で走ることができ、スイムを400m8分以内で泳げるレベルです。**本書では、このレベル以上で51・5㎞のレースへの参加をOKとしています。**

ランではビルドアップ走のメニューが追加され、スタミナ強化とともにスピードも磨いていきます。スイムは実戦と同じ1500mの距離を泳ぐことになります。バイクはレース参加を考えると、実走やビンディングの着脱は確実にできるようにしましょう。

1回のトレーニングメニュー

RUN　トレーニング回数 ▶ 週3回～　目標タイム ▶ 5km 22分30秒

■ジョギング 60分
■LSD 90分
■ビルドアップ走 10km（7kmまでは1kmあたり5分30秒）
※時間取れればジョギング30～60分追加

BIKE　トレーニング回数 ▶ 週2回～　目標距離 ▶ 2時間以上連続で乗れるように

■ローラー台（ドリル＆イージースピン）45～60分
※実走やビンディングに慣れていない方は、4級メニューをプラス！
■基礎ライド 90～120分（レストあり・平地推奨）
※時間取れれば基礎ライド60分～を追加

SWIM　トレーニング回数 ▶ 週2回～　目標タイム ▶ 400m 7分

■アクアウォーク 200m
■グライド（板なし）キック＋クロール 50m×4回（20秒レスト）
■板キック（顔出し） 50m×4回（20秒レスト）
■片手クロール 50m×4回（20秒レスト）
■キャッチアップ＋クロール 50m×4回（20秒レスト）
■クロール 50m×8～16回（70～75秒サークル）or 100m×4～8回（2分20～2分30秒サークル）
■アクアウォーク 50m
■板キック 50mTT 目標50秒
■アクアウォーク 200m

計**1700～2100m**（アクアウォーク含む）

▼青山式トレーニングプログラム・基礎期

2級レベルの基礎期のメニュー

オリンピックディスタンス以上のレースに向けた強化を図る

2級は、ラン5㎞を20分～22分30秒で走ることができ、スイムを４００ｍ7分以内で泳げるレベルです。ここからは**頑張り次第で、51・5㎞以上のレースに参加することができます。**

ランではウィンドスプリントのメニューが加わります。各種メニューでストロークやキックを分割して強化するとともに、スピードも磨きます。バイクは起伏での走行やスピードアップなど、バリエーションを増やして実戦に近い走りを体感します。

1回のトレーニングメニュー

RUN　トレーニング回数 ▶ 週3回～　目標タイム ▶ 5km 20分

■ジョギング60分（＋ウィンドスプリント100m×６～８回）
■LSD90～120分
■ビルドアップ10km（７kmまで１kmあたり５分）
※時間取れればジョギング30～60分追加

BIKE　トレーニング回数 ▶ 週2回～　目標距離 ▶ 3時間以上（レストありでも）乗れるように

■ローラー台（ドリル＆インターバル走）60分
■基礎ライド120～180分
（レストあり・起伏もあり・途中スピードアップ30分前後あり）
※時間取れれば基礎ライド60分～を追加

SWIM　トレーニング回数 ▶ 週2回～　目標タイム ▶ 400m 6分

■SKPS（スイム・キック・プル・スイム）400m
■キック50m×４回（20秒レスト）❶ストリームラインキック＋グライドキック ❷バタフライキック（板なし）＋バックキック　※❶か❷をチョイス、または両方　❸板キック（顔出し）ミックスハード（イージー、イージー＋ハード、ハード＋イージー、ハード ※ラストのハードはTT目標45秒）
■ドリル50m×４回（20秒レスト） ❶片手クロール ❷キャッチアップ＋クロール ❸フィストスイム＋クロール❶～❸から２つチョイス
■クロールA：50m×10～20回（60秒サークル）　クロールB:：100m×６～10回（２分サークル）　AかBをチョイス
■イージー100m
■クロール25m×４回（60秒サークル）ダッシュ
■ダウン200m

計2100～2800m（アクアウォーク含む）

1級レベルの基礎期のメニュー

最もハードなメニューで 自分の最大限の力を引き出す

1級は、ラン5㎞を20分以内で走ることができ、スイムを400m6分以内で泳げるレベルです。アイアンマンの出場も可能で、各距離のレースでは年代別の上位入賞も狙えます。**ランはインターバル走を取り入れると心肺機能が大幅にアップするでしょう。**スイムは2級以上に各種ドリルを追加し、バイクも内容はかなりハードになっています。3種目ともにトレーニング後は疲労しますので、クールダウンをして疲れを残さないようにしましょう。

1回のトレーニングメニュー

RUN | トレーニング回数 ▶ 週3回～ | 目標タイム ▶ 5km 19分以上

ジョギング ▶ 60分(＋ウィンドスプリント＋100m×6～8回を含む)

LSD ▶ 90分 または **快調走** ▶ 15～20km

ビルドアップ走 ▶ 10km (7kmまで1kmあたり4分30秒)

または **インターバル走** Ⓐ～Ⓒをチョイス

Ⓐ 400m×10～15回(リカバリー200m)
Ⓑ 1km×5~8回(リカバリー400m)
Ⓒ 3km+2km+1km(リカバリー400m)

BIKE | トレーニング回数 ▶ 週2回～ | 目標距離 ▶ 4時間以上(レストありでも)乗れるように

ローラー台(ドリル＆インターバル走)

▶ 60分

基礎ライド

▶ 150~180分×1～2回
(レストあり・起伏もあり・途中スピードアップ30分前後あり)

SWIM | トレーニング回数 ▶ 週２回〜 | 目標タイム ▶ 400m 5分30秒以上

SKPS（スイム・キック・プル・スイム） ▶ 400m

【キック】

❶ ストリームラインキック＋グライドキック ▶ 50m×4回（20秒レスト）
❷ バタフライキック（板なし）＋バックキック ▶ 50m×4回（20秒レスト）
❸ サイドキック ▶ 50m×4回（20秒レスト）
❹ 気をつけキック＋グライドキック ▶ 50m×4回（20秒レスト）

❶〜❹から２つチョイス

板キック ▶ 50m×8回（20秒レスト）※ミックスハード、ラストTT（タイムトライアル）で自己ベストを目標

イージー ▶ 50m

【ドリル】

❶ 片手クロール ▶ 50m×4回（20秒レスト）
❷ キャッチアップ＋クロール ▶ 50m×4回（20秒レスト）
❸ フィストスイム＋クロール ▶ 50m×4回（20秒レスト）
❹ スカーリング４種＋クロール ▶ 50m×4回（20秒レスト）
❺ ヘッドアップ＋クロール ▶ 50m×4回（20秒レスト）

❶〜❺から２つチョイス

クロール ▶ Ⓐ100m×10〜15回（1分40秒サークル） Ⓑ200m×5〜7回（20秒レスト）
Ⓒ400m×3〜4回（20秒レスト） Ⓓ800m〜1000m×1回

Ⓐ〜Ⓓから1つチョイス

イージー ▶ 100m

クロール ▶ 25m×8回（45秒サークル）ダッシュ

ダウン ▶ 200m

計3150〜3750m

▼青山式トレーニングプログラム・適応期

大会1ヶ月前～1週間前は「適応期」として トライアスロン要素を取り入れる

海でのスイムなど レースを想定した練習をする

大会本番の1ヶ月前から1週間前までは「適応期」です。基本的なメニューは、1ヶ月前までの基礎期ものと同じで構いません。ただし、「バイク→ラン」をつなげて行うトレーニングや、時間が取れれば海でのスイムトレーニングを行い、"トライアスロン的"な要素をより強くしていきます。

トランジットもスイムからバイクへの移行を含め、スムーズにできるように練習しておきましょう。レースを想定して行うのがポイントです。

バイク&ランのトレーニングポイント

① 基本は、基礎期のトレーニングと同様のメニュー

② 適応期として、大会の1週間前まで実践する

③ Aコースをベースに、B、C、Dのコースを可能な時に変更して行う

スイムのトレーニングポイント

① 基本は、大会1カ月前までのトレーニングと同様のメニュー

② 適応期として、大会の1週間前まで実践する

③ 5級未満は5級基準タイム突破まで、大会は控える

5級／4級の適応期のトレーニング例　目標　スプリント・ディスタンス出場

BIKE RUN

バイクからランのトランジットを入れる

Aコース バイクレースイメージ10ｋｍ ▶ トランジット ▶ ランレースイメージ3ｋｍ
Bコース バイクローラー台10分ハード×1〜2回（レスト5分）▶ トランジット ▶ ランレースイメージ3ｋｍ

ウォーミングアップ　→　A.Bともに、バイクで15〜20分ほどイージースピンでアップ
クーリングダウン　→　A.Bともに、ランで10分ほどダウン

SWIM

基礎期のクロールメニューを適応期メニューに変更（週1回程度）

Aコース 100m×4本〜5回（レスト30秒）　Bコース 200m×２本（レスト30秒）
Cコース 400〜500m×1本

※プール大会出場の場合は足付き可能なので、練習でも無理せず途中で立ってOK
※ウェット大会出場の場合、可能であればプールでもウェットスイムに慣れる
※オープンウォーター大会であれば、可能な限りその環境で泳ぐ

3級／2級の適応期のトレーニング例　目標　オリンピック・ディスタンス出場

BIKE RUN

バイクからランのトランジットを入れる

Aコース バイクレースペース20km ▶ トランジット ▶ ランレースペース5km
Bコース ミドルペース90分 ▶ トランジット ▶ 快調走10km
Cコース バイクローラー台10分ハード×2~3回（レスト5分）▶ トランジット ▶ ランレースペース5km

ウォーミングアップ　→　A.Bともに、バイクで20〜30分ほどイージースピンでアップ
クーリングダウン　→　A.Bともに、ランで10〜15分ほどダウン

SWIM

基礎期のクロールメニューを適応期メニューに変更（週1回程度）

Aコース 200m×6〜8本（20秒レスト）　Bコース 400m×3〜4本（20秒レスト）
Cコース 800〜1200m×1本

※ウェット大会出場の場合、可能であればプールでもウェットスイムに慣れる
※オープンウォーター大会であれば、可能な限りその環境で泳ぐ

1級以上の適応期のトレーニング例　目標　オリンピック・ディスタンス出場

BIKE RUN

バイクからランのトランジットを入れる

Aコース バイクレースペース20~30km ▶ トランジット ▶ ランレースペース5km
Bコース バイクレースペース10~20km ▶ トランジット ▶ ランレースペース3~5km（バイク＋ランセットで）×2回（レスト15分）
Cコース ミドルペース90~120分 ▶ トランジット ▶ 快調走10~15km
Dコース ローラー台・10分ハード ▶ トランジット ▶ ランレースペース2~3km（バイク＋ランセットで）×2~4回（レスト15分）

ウォーミングアップ　→　A.Bともに、バイクで20〜30分ほどイージースピンでアップ
クーリングダウン　→　A.Bともに、ランで10〜15分ほどダウン

SWIM

週1くらいで下記メニューを入れる

SKPS400m ▶ ドリル・50m×6本（セット間20秒レスト）▶ クロール・25m×8本（スプリント45秒サークル）
クロールorプル 100m×15本（5〜10秒レスト）ギリギリ回れるサークルで or 50m×10本（1分15秒サークル）ダッシュ

クーリングダウン200m
計2100m~2600m

大会1週間前の「調整期」は心身の疲労を抜くことを最優先する

レースに向けてコンディションを整える

大会1週間前に入ったら、「調整期」になります。ここからは焦ってトレーニングしてもあまり意味がありません。**心身ともに疲労を抜くことを最優先させ、レースに向けてコンディションを整えていきます。**

レースで使う用具の準備、交通手段や宿舎、会場の位置などの最終確認を行い、大会要項を今一度、見直しておくのもいいでしょう。やれることはすべてやったという思いでレース当日を迎えましょう。

5級／4級の大会1週間前のトレーニングプログラム例

■ スイム＆バイク＆ラン共通

基本60分以内で軽くトレーニング

↓

週で多くて3回ぐらいまでにとどめる

■ 大会前日

ラン・バイクのコース試走／海の試泳／トランジットシミュレーションを行う

3級／2級の大会1週間前のトレーニングプログラム例

■ スイム＆バイク＆ラン共通

基本60分以内で軽くトレーニング

↓

週で多くて3回ぐらいまでにとどめる

■ 大会前日

ラン・バイクのコース試走／海の試泳／トランジットシミュレーションを行う

■ 調子良ければ……

週末大会として水曜日か木曜日

★ランで刺激

8～10kmビルドアップ走（80%くらいまで上げる）

1級以上の大会１週間前のトレーニングプログラム例

■ スイム＆バイク＆ラン共通

基本60分以内で軽くトレーニング

↓

週で多くて4回ぐらいまでにとどめる

■ 大会前日

ラン・バイクのコース試走／海の試泳／３種目ともに軽いスプリントで心拍を上げる／トランジットシミュレーションを行う

■ 調子良ければ……

週末大会として水曜日か木曜日

★ランで刺激

8〜10kmビルドアップ走（80%くらいまで上げる）

★スイムで刺激

メインセット・100m×8本（10秒レスト）　段々上げていくなど

各級共通

大会当日のウォーミングアップ

- ▶ストレッチ、スイッチをしっかり行う
- ▶バイクはホテルなどから移動程度（自転車の確認）
- ▶スイムアップで5~10分は泳いでおく（ラン、バイクはあまりやらなくてよい）
- ▶ランはやっても5分くらい、スイムアップを10分以上しっかり行う
- ▶トランジットシミュレーションをしておく

＊大会上、スイムアップがあまりできない場合は、ランで代用するが、可能な限りスイムでアップを行う

Glossary of Triathlon Terms

トライアスロン用語集 4　バイク／ラン編

第２種目と第３種目であるバイクとランの専門用語を解説！

バイク専門用語

■ バイク
トライアスロンの第2種目で自転車のこと。通常はノンドラフティングで行われるので、タイムトライアル用の自転車が用いられることが多いが、初心者はロードバイクがおすすめだ。トライアスロンで唯一機材を用いる種目で、競技中は他者の力を借りてはいけないため、パンクやマシントラブルなどへの対応も求められる。

■ DHバー
別名エアロバー。バイクのハンドル上部に装着される突き出し棒のこと。バイクパートはロードレースと違い、単独走行となることが多いため、DHバーを装着し、エアロポジションで走ることで空気抵抗を大きく低減することができる。エアロポジションを取った時の姿勢がスキー競技のダウンヒルに似ていることからこの名がついた。

■ QL（クイックレバー）
工具を使わず，簡単に着脱できるようになっているレバー。おもにタイヤのホイールの着脱等に使われている。

■ クリート
競技用自転車のペダルとシューズを取り付けるための金具、あるいは樹脂の部分。

■ チューブラータイヤ
タイヤとチューブが一体化したタイヤのこと。競技用タイヤの主流である。タイヤのリムにリムセメント（糊のようなもの）を塗り、タイヤを貼り付ける。クリンチャータイヤと比べ、非常に軽量で、高圧の内圧に耐えやすい、パンクしにくい、パンク時にすぐにタイヤが凹まない（高速走行時に安全）などの利点がある反面、パンク修理が困難で、使い捨てのためランニングコストが大きいなどの欠点がある。

■ クリンチャータイヤ
タイヤとチューブが別になったチューブ式タイヤのこと。競技用タイヤを除けば、現在の自転車用タイヤの主流である。チューブラータイヤに比べてメンテナンス性に優れている。

ラン専門用語

■ ラン
トライアスロンの第3種目でマラソンのこと。スイム、バイクをこなしたあとに走らなければならないので、普段の走りができないことが多い。ランが得意な選手にとって、最大の見せ場。

■ サブフォー
フルマラソンを4時間以内（3時間台）で走ること。3時間以内（2時間台）で走ることはサブスリーという。

■ インターバル走
疾走とジョグを繰り返すトレーニングのこと。スピードと持久力を高める効果がある。

■ ウインドスプリント
短い距離を全力よりやや遅いペースで数本行うトレーニングのこと。流しとも言う。ダイナミックなフォームとスピードアップ効果が期待できる。

■ LSD（ロング・スロー・ディスタンス）
ゆっくりしたペースで長距離を走るトレーニング法。ゆっくり走ることにより、体に低負荷をかけ続け、十分に酸素を取り込み、心肺機能の向上、毛細血管の発達など、持久力の養成に効果があるとされる。

■ LTペース
乳酸性作業閾値のこと。AT（無酸素性作業閾値）と同義。高負荷な運動を続けることで筋肉内の糖分が分解、乳酸が蓄積されるが、これが疲労の原因となることが知られている。安静時であれば、乳酸は生成と同時に酸化し、エネルギーとして利用され、定常状態を保つが、運動強度が一定レベルを超えると、筋肉中の乳酸の除去スピードが生成速度についていけなくなる。この時点をLTと呼んでいる。LTペースとは、この速度で走ること。

■ クロストレーニング
様々な種目を取り入れたトレーニング法。トライアスロンのラン、スイム、バイクもクロストレーニングだ。

■ シンスプリント
脛骨過労性骨膜炎のこと。走ったり、押したりするとすねの周辺に激しい痛みを感じる症状。今まであまり走ったことのない人が走り始めの時期に発生することが多いが、経験者でもトレーニング量が増えてくると症状が現れることもあるので、注意が必要。ストレッチやアイシングが効果的。

■ ストライド走法
歩幅を大きく取ることで、スピードを出しやすい走法のこと。歩幅が大きくなると着地時に筋肉や関節にかかる衝撃が大きいため、脚力や筋持久力など筋力の強い人向けだ。

■ ピッチ走法
歩数を多くしてスピードを維持して走る走法のこと。体の上下動の動きが小さくなるため、着地時の衝撃が弱まる利点がある。

TRAINING OF TRIATHLON

PART 7

レースに勝つための「実践テク!」

▼レースのルールとマナー

一般レースではバイクでのドラフティング(集団走行、並走)が禁止

大会に携わる人すべてが気分よく終われるために

1974年に誕生したトライアスロンは、現在、距離や運営方法などの変革により種目が細分化の傾向にあります。ラン・バイク・ランで競われる「デュアスロン」や、スイムとランの「アクアスロン」は世界選手権が開催され、グループでレースを競う形やリレーなども注目を集めています。ここでは、一般的にトライアスロンと呼ばれるスイム・バイク・ランを組み合わせたレースのルールと、基本的なマナーを確認しておきます。

主なルールは左ページの通りです。トップ選手の大会など一部のレースを除くと、**安全面の配慮からスイムでのウエットスーツ着用が義務づけられ、バイクでのドラフティング走行（他の選手の後方に入り、風よけにして抵抗を少なくすること）・集団走行・併走が禁止されている**点は、とくに頭に入れておいてください。

また、日本トライアスロン連合の競技規則では、「スポーツマン精神とフェアプレイの精神により競技を行うこと」が明文化されています。大会に携わるすべての人が気分よく過ごせるよう、マナー向上に努めましょう。

ワンポイントMemo　トライアスロンをする上での必須マナー

- ▶レース参加は十分なトレーニングを積んでからにする
- ▶当日は時間に余裕を持って動く
- ▶レース中、体に異変を感じたらリタイアする勇気を持つ
- ▶指定された場所以外でのトイレやゴミのポイ捨ては×
- ▶急加速や急停止、無理な追い越しをしない
- ▶大会運営者やボランティアスタッフに感謝の気持ちを持つ

これだけは絶対に覚えたい！

実践ルール

実践ルール1 アスリートの心得

▶ 大会は予測できないことの連続である。波や風、暑さ寒さ、観客や車の飛び出し、見えないくぼみ。危険を察知し、適切な判断で競技する。

▶ 日頃の練習と健康管理。早めの水分補給。マイペース。リタイアの勇気を持つ。

実践ルール2 ウェアと用具

▶ スイムではスイムキャップ、ゴーグルそしてウェットスーツを着用。バイクでは規定のヘルメットと用具。ランではシューズを着用。仮装は適当でない。

▶ 規定のボディーナンバーを記入し、顔や体に文字を書き込まない。クリーム類は透明のものを使用。タトゥーシールは禁止。

▶ 競技用具は基準に沿ったものを使用する。競技者の責任で整備し、競技中の損傷には適切な対応を行う。競技用具は指示に従い検査を受ける。

実践ルール3 スムーズな競技とリタイア

▶ 危険・妨害行為は禁止。相手の優先コースを判断し、スムーズで安全な流れを守る。

▶ リタイアはスタッフに伝え、大会本部にも連絡する。

実践ルール4 スイム（水泳）

▶ コースブイの外側を、他泳者とぶつからないように泳ぐ。ブイにつかまって小休止ができる。ブイをつかんでの泳ぎは禁止。

▶ 救助の合図は、競技を停止し「片手を頭の上で振り、声を出して救助を求める」。

▶ ウェットスーツは推奨される。低温や波のあるときは着用義務となる。厚さ5ミリ以内、特殊加工は禁止。日本選手権などエリートレースでは、水温20度以上で安定しているとき着用禁止。

実践ルール5 トランジションエリア

▶ 用具を交換する、競技コースの一部。エリア内は乗車禁止。ペダル片足走行も禁止。

▶ ヘルメットのストラップは、ラックからバイクを外す前にしっかりと締める。フィニッシュ後は、バイクを掛けてからストラップを外す。

▶ 前輪の先端が、「乗車ラインを越えてから乗る」「降車ラインを越える前に降りる」。

実践ルール6 バイク（自転車）

▶ 規定のヘルメットを深くかぶり、ストラップをあごにかかるように締める。

▶《前方注意・車間距離の確保》は、重要な義務。転倒や急ブレーキ、相手の動きに注意。エアロバーでは、視界が狭まりブレーキが遅れる。

▶ 前輪の先端が、「乗車ラインを越えてから乗る」「降車ラインを越える前に降りる」。

▶ キープレフト：左側走行（左端から1m、コース幅の左側1/3以内基準）で競技する。コース右側は追い抜きスペース。

▶ 追い越しは、後ろを確認し、前走者の右側から。センター寄りの走者には注意を与える。不安があれば「一声掛けて追い越す」と効果的。

▶ ドラフティング走行・集団走行・併走は禁止。特別レースでのみ許可。

ドラフティングルール

▶ ドラフティングは、前走者や車の後ろを風よけにし、楽に走ろうとすること。競技者は他競技者からのドラフティング走行違反を拒否することができる。

▶ ドラフトゾーンは、バイク後輪の最後部を起点に、後方5m、両サイドに各1m、計2mの範囲。追い抜き時間は15秒以内。車からは35m以上離れる。

▶ ドラフトゾーンへ入れるのは、15秒以内に追い越せるとき。そして減速が必要なエイドステーション付近、トランジション出入り口、折り返し地点。

実践ルール7 ラン（ランニング）

▶ 追い越しは前走者の右側から。一声掛けると安心。

▶ 最後は、フィニッシュラインを走り抜く。

▶ 総合フィニッシュでは、サングラスをはずす。

実践ルール8 ペナルティー

▶ 違反や危険が予想されるときは、注意（短音の連続／口頭）を受ける。

▶ 注意に従わないと警告が出る。「警告音：短音2回の連続。イエローカード／フラッグ。レースナンバーのコール」による。

▶ ドラフティング違反以外でも競技停止指示を受ける。

▶ 失格の宣告は、「警告音：長音の連続。レッドカード提示／フラッグを振る。レースナンバーをコールする」のいずれかによる。宣告なしでも失格がありえる。

※日本トライアスロン連合競技規則より抜粋
http://www.jtu.or.jp/kyougikisoku/rule.html

レース当日に慌てないよう事前の準備を確認しておく

前日までにコースマップを確認 時間があれば下見する

トレーニングが順調に進んだら、いよいよレースに出場します。初めての実戦になる人は、短い距離のレースから始めることをおすすめします。大会のエントリーは、大会の公式ホームページや、スポーツポータルサイトにアクセスして行うのが一般的。自分のスケジュールと照らし合わせ、十分な準備期間を確保できるレースを選びましょう。レース以外にも観光やグルメなどを楽しめる開催地を選ぶと、モチベーションがより高まります。

エントリーをしたら早いうちに宿泊や移動手段も決め、レースが近くなってから慌てることがないようにしておきます。また、トライアスロンは使用する用具も多いので、レース数日前には持ち物もチェックしておきたいところ。とくにバイクのセッティングはいま一度、しっかり行ってください。

レース前日までにコースマップを確認し、時間があれば実際のコースを下見しておくと、レースの進め方をイメージしやすいです。当日は時間に余裕を持って行動し、不安要素はなく、心身ともに最高の状態でスタートラインに立ちましょう。

ワンポイントMemo レースにエントリーするまでの流れ

- トレーニング
- ▶ レースの数か月前／大会エントリー ※宿泊や移動手段も確保しておく
- ▶ トレーニング
- ▶ レース数日前／大会要項の確認／持ち物チェック
- ▶ レース前日まで／コースマップ確認 ※コースの下見ができればなお可
- ▶ レース当日

レース当日までに 下調べしておくこと

・コースの把握（コースマップ等で）

※コースの下見ができればなお可
※各種目の周回数を必ずチェックしておく!
※トランジットエリアの導線の確認（スイム▶バイク　バイク▶ラン）

・当日の天気予報を確認

※気温や風雨によって追加や変更が必要なアイテムがある

マストグッズ! レース当日の持ち物チェックリスト

スイム

ウエットスーツ、ゴーグル、キャップ、サンダル、タオル、くもり止め、ワセリン、（耳栓）

バイク

バイク一式、ヘルメット、バイクシューズ、バイク用ウエア、グローブ、ソックス、レースナンバーベルト、スペシャルボトル（2本）、サングラス、空気入れ（フロアポンプ、携帯タイプ）、スペアチューブ・タイヤ、レンチ、軍手、（アームウォーマー、ウインドブレーカー）

ラン

ランニングシューズ、ランニングウエア、ソックス、キャップ、サングラス

ETC 小物などその他

大会関係書類一式、タオル、日焼け止め、栄養補給食、水、腕時計、着替え、応急処置セット、雨具、ウエストポーチ、筆記用具

レース全般

トライスーツ、レースナンバーベルト

PART 7

実践テク

不安要素がないよう万全の状態でスタートラインに立とう

▼レースで失敗しないための5ポイント

レースを楽しむ メンタル面が大切

トレーニングを十分に積み、実践テクニックを身につけても、レース前のちょっとしたことを疎かにしただけで、思うような結果は得られません。ここでは、トレーニング以外で、レース前にやっておくべきことを紹介します。体に関わることとしては、**疲れを抜き、食事や睡眠をしっかりとる**こと。また、レースで使う用具をいま一度チェックしておきましょう。それらが心のゆとりを生み、持てる力を出し切るレースにつながります。

ポイント 1

心身ともにフレッシュな状態で当日のレースを迎える

レースまで1週間を切った中、練習量に不安を覚え、ハードトレーニングをしてしまう人がいるが、これでは逆効果。レース2週間前から練習量は徐々に減らし、トレーニングや毎日の仕事で蓄積した疲労を抜いていく。心身ともにフレッシュな状態でスタートラインに立てれば、最高のパフォーマンスでレースを楽しめる。

ポイント 2

睡眠はしっかり取るがもし眠れなくても焦らない

レースは日曜日に行われることが多い。そのため前日の土曜日は十分な睡眠をとっておきたいが、緊張や気持ちの昂ぶりで眠れない場合もある。ただ、前日にそれほど眠れなくてもレースに影響しないことは科学的に証明されているので、不安に感じる必要はない。その代わり、金曜日にしっかり眠っておこう。

ポイント 3

普段の食事はバランスよく。レース当日は2〜3時間前に取る

トレーニングは「運動」「栄養」「休養」がそろって、初めて効果が生まれる。食事は普段からバランスよく、できるだけ朝昼晩の３食をきちんと食べることを心掛け、レース当日はスタート時間の２〜３時間前に食べよう。ごはんやパン、おもちなどの炭水化物をメインとし、コンディション調整を助けるオレンジジュースがおすすめだ。

ポイント 4

必要なアイテムを事前にシミュレーションしておく

トライアスロンで使用するアイテムは数多く、それらは１人の選手だけで使う。１つ１つのアイテムが壊れていないか、きちんと機能するかを事前にシミュレーションしておこう。とくに補給食などは一度口にして、問題がないかを確かめておきたい。自分でチェック表を作るなどして確認作業を行えば、当日に困ることは避けられる。

ポイント 5

ストレッチとスイッチでウォーミングアップを行う

レース前のウォーミングアップは、マストストレッチを行うのが効果的。筋肉や関節の可動域を広げると同時に、筋肉の温度を上げ、パフォーマンス向上につながる。また、スイッチもしっかりやっておきたい。スイッチにより、体幹に電源が入り、体への負担が軽減される。

▼トライアスロンの実践テクニックとは

オープンウォーターとトランジットを練習すればタイムは驚くほど縮まる

種目間のトランジットは「第4の種目」と呼ばれる

PART6までに行ってきた各種トレーニングだけでは、実際のレースに臨むには不十分です。

まずスイムでは、海で泳ぐテクニックを覚えなければいけません。泳ぎ方自体はPART4で身につけたものが基本になりますが、波や潮流があり、場所によっては海水の透明度も低い海では、ちょっとした気の緩みが大きな事故やコースアウトを招くこともあります。普段の練習はプールで行うにしても、**レースまでに少なくとも一度は海で、できればウエットスーツを着用して泳ぎ、プールでは得られない感覚を養っておいてください。**

実践テクニックでもう一つ重要なのが、トランジットと呼ばれるスイムからバイク、バイクからランへの種目の切り替えです。トライアスロンの「第4の種目」とも言われ、ここでの着替えや次の種目の準備も競技時間に含まれるため、トランジットがスムーズにいくかどうかがレースの行方を左右することも少なくありません。焦らず確実にできるトランジットを覚え、慣れてきたらスピードも意識しながら効率化を図っていきましょう。

ワンポイントMemo 実践スイムの流れ

スタート ◀ ビーチラン ◀ イルカとび ◀ スイム ◀ ブイターン ◀ スイム終了 ◀ イルカとび

ねらい

▶プールとは違う、海での泳ぎ方を知る
▶トランジットをできるだけスムーズに行う

➡ トレーニングポイント

Point 1
１人で泳ぐにしても、周囲に人がいることを想定しながら泳ぐ

Point 2
トランジットはまずは確実に。慣れてきたら効率化を図っていく

ビーチラン
トランジット
※ウェットを脱ぐ準備
オープンウォーターテクニック
▶ヘッドアップ
▶集団泳

▼スタート／ビーチラン／イルカとび

ハードルをまたぐように波をリズムよく飛び越えるように走る

周りのテンションに惑わされず マイペースで落ち着いてスタート

トライアスロンのスタートは、砂浜を走るビーチスタート、海の中から泳ぎ始めるフローティングスタート、特設の台から飛び込むポントゥーンスタートがあり、もっとも多いのはビーチスタートです。スタートから泳ぎ始めるまでのテクニックを紹介します。

集団が一斉にスタートする局面では、気持ちの昂ぶりもあり、接触やアクシデントが起こりやすいものです。**落ち着いて自分のペースを守り、他者に惑わされないことが大切です。**

スタート

大勢の参加者が一斉に走り出すスタートは冷静に。砂浜には石やゴミが残っていることもあるため、踏まないように細心の注意を払いたい

➡ トレーニングポイント

Point 1

効率のいいビーチランとイルカとびに切り替えるタイミングを覚える

Point 2

スタート局面では落ち着き、多少のアクシデントで動揺しない

ワンポイント Memo

慣れないうちは落ち着いて入水する

ビーチランは心拍数が上がるので、慣れないうちは、ビーチランやイルカとびを意識せず、落ち着いて歩いて入水し、泳げる深さになったら泳ぎ始めるという方法で構わない。

ビーチラン

ハードルを飛び越えるようなイメージで、波をリズムよくまたいでいく。波をまともに受けると、時間的にも体力的にもロスにつながるので注意しよう。足を外から抜くようにすると水に引っかからず速く走れる

イルカとび

水深がヒザより高くなると、泳ぎに切り替えた方が効率がよい。手の先から水中に入るイルカとびで何度か波をかわしてから、泳ぎに移行していこう。ただし、多用すると心拍が急に上がるので、泳げる深さになったらスイムに変える

PART 7 実践テク

▼ブイターン

スピードを落とさず小回りでターンしてタイムを短縮する

小さなモーションで回数を多めに水をかく

通常、海や川にコースが作られるスイムでは、途中1ヶ所、あるいは複数個所に置かれたブイを折り返す形になっているケースが多々あります。このターンを大回りなどのロスなく泳ぐことが、タイム短縮のカギになります。

プールで広く場所を取れない場合は、海でブイがあると想定して行っても構いません。実際のレースでは思うような位置取りができない場面も出てきます。**できるだけ小回りのターン技術を身につけておきましょう。**

ワンポイントMemo

脚がつってしまった場合は

スイムで脚がつってしまう人が少なくありません。とくにレースでは緊張による脱水症状で脚がつりやすくなっています。プールで練習中につった場合は、一旦プールから上がって回復を待ちましょう。レース中であれば、ウエットスーツを着ているので体は浮きます。慌てず、他の参加者の邪魔にならないところに移動し、ひとまず休むことが肝要です。落ち着いたら平泳ぎなどに切り替えてフィニッシュするのも一つの策です。

➜ トレーニングポイント

ブイは大回りせず、コンパクトに回ることを心がける

ブイターン

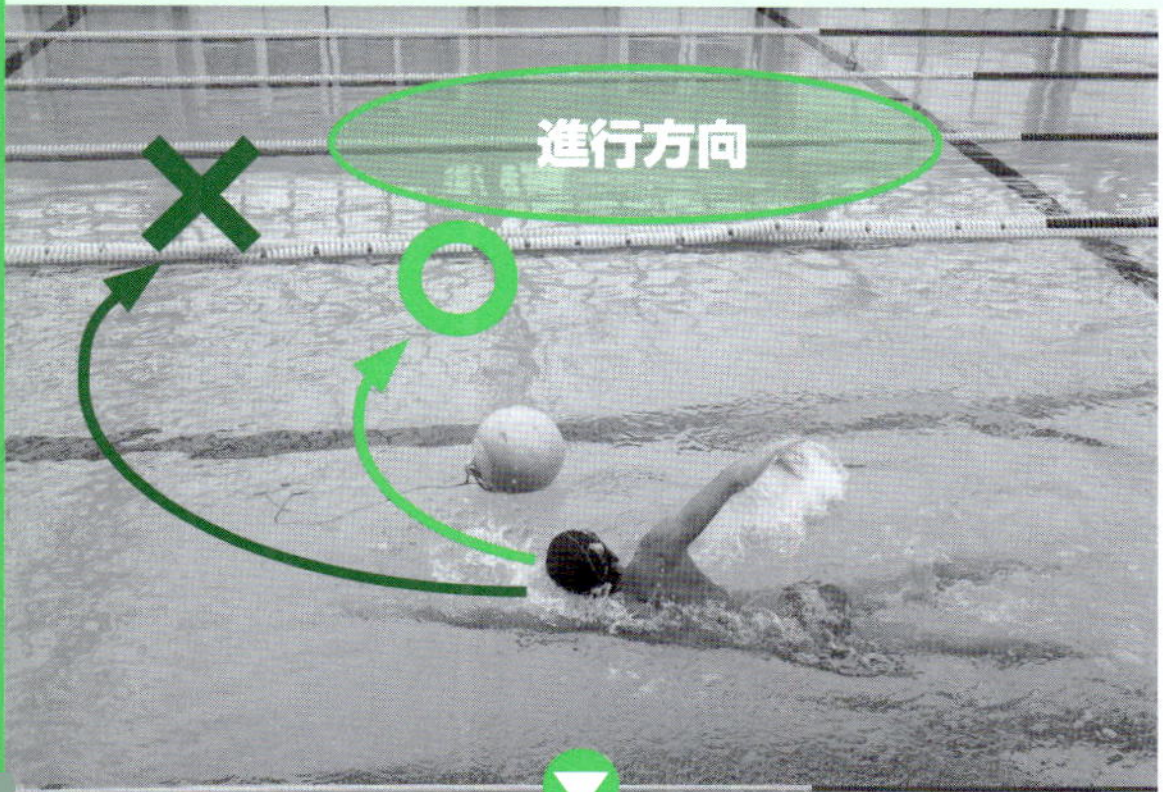

行きたい方向に指先を向けて入水し、その腕にしっかりと体を乗せていく。水をかく動作は体の中心まで持ってくる。両腕で水をかき、スピードを落とさずに向きを変えていく

両腕ストロークができないくらい人が密集していたら、イン側の腕を行きたい方向に向け、外側の腕だけでかく。かき方は小さなモーションで回数を多く。片手で泳ぎながらヘッドアップも行い、小回りにブイを回り込んだら、通常の泳ぎ方に戻す

2人で回るトレーニング

トレーニングパートナーがいれば、一緒に泳いでブイをターンしてみる。前を泳ぐ場合と、後ろを泳ぐ場合で取るべきコースが違ってくるのが体感できるはずだ

PART 7
実践テク

▼前方確認／集団泳

ヘッドアップで前方を確認し コースアウトを防ぐように泳ぐ

1人でプールで泳ぐのとは違う“泳ぎにくさ”を知っておく

トライアスロンのスイムでは、プールのようにコースが区切られていません。そこで頭を水面から上げ、前方を確認するヘッドアップという技術が必要になってきます。**一定のタイミングでヘッドアップを行えば、コースアウトをするリスクが軽減できます。**

また、レースでは他の参加者と泳ぐことになります。一人のときとは違う泳ぎにくさが出てきます。できれば他の人と一緒に泳ぎ、泳ぎやすいポイントを知っておくといいでしょう。

ヘッドアップ（前方確認）

ヘッドアップは、コースアウトによるタイムや体力のロスを防ぐだけでなく、他の参加者の様子も確認できるテクニックだ

ストロークを続けながら上体を起こし、顔を正面に向けて水面から上げる。スピーディに前方を見渡す

初心者は無理にクロールのままヘッドアップを行わず、前方確認のときだけ平泳ぎに変える。こうすれば確実にヘッドアップできる

➡ トレーニングポイント

Point 1
クロールのヘッドアップは頭を上げすぎないのもポイントだ

Point 2
２人以上で泳ぎ、周りに人がいる状況で泳ぐことに慣れておく

集団泳

集団で泳ぐとき、接触には十分気をつけたい。並列のときは隣の人のリズムを見ながら、ストロークのリズムをずらすことで腕は当たらない

ドラフティングスイム

縦になって泳ぐとき、人の後ろにつくと水の抵抗が減り、通常より楽に泳ぐことができる

他の参加者の腕や脚をつかまない！

混雑の最中では多少の接触はやむを得ないが、他の参加者の腕や脚をつかむことは絶対に禁止。大きな事故につながる可能性がある

▼スイムの最終局面

ストロークの手が海底に触れたタイミングで立ち上がる

砂浜の石やゴミには細心の注意を払う

スイムの最終盤には、泳ぎからビーチランに切り替える局面が出てきます。**ストロークの手が海底に触れるぐらいの浅さになったタイミングで立ち上がります。**そこからは泳ぐより走った方が速いはずです。スタート時と同様、砂浜の石やゴミには細心の注意を払うようにしてください。

　その後、バイクが置いてあるトランジットエリアに向かいます。走りながらウエットスーツの上半身だけ脱いでおくと時間短縮になります。

イルカとび

「泳ぐ」から「走る」の切り替えの間に、イルカとびで進んだ方が速いケースもある。的確に判断し、ベストな選択をしよう

ワンポイント Memo

スイムの最終局面のシミュレーションをする

キャップやゴーグルをはずすのは、トランジットエリアに着いてからにしよう。走りながらはずすと、手に持って行かなくてはいけないことになる。細かいことだが、小さなことがストレスに感じ、レース結果に影響しないとも限らない。一度、シミュレーションしてみるといい。

➔ トレーニングポイント

Point 1
スイム後、疲れた中でのイルカとびやビーチランこそ集中力を切らさない

Point 2
事前にイメージしておくと、走りながらでもスムーズにスーツを脱げる

ビーチラン

ストロークの手が海底に触れるぐらいの浅さになり、イルカとびもできない深さになったら、立ち上がってビーチランに切り替える。スタートと同じくリズムよく脚を運ぶ

走りながらスーツを上半身だけ脱ぐ

トランジットエリアまでは走りながらウエットスーツの上半身だけ脱ぐ。スイム後の疲れもあるので、慣れるまで練習を積んでおこう

▼トランジットのコツ

〝第4の種目〟トランジットで1分以上タイムを縮める

速さにこだわるあまり間違えるとかえってタイムロスになる

スイムからバイク、あるいはバイクからランへ切り替えるトランジット。トップ選手のレースでもここで順位が入れ替わることが多いため、観客にとっては見どころの一つです。他のスポーツにはないトライアスロン特有のパートであり、トランジットがあってこそトライアスロンとも言えるでしょう。

一般のみなさんにとっても重要なパートであることに変わりなく、スムーズにトランジットを終えることが、目

ねらい

- スイムからバイクの切り替えを確実に行い、スムーズにバイクに移行する
- バイクからランの切り替えを確実に行い、最後のランに備える

➡ トレーニングポイント

Point

とくに慣れないうちは、バイクの後のランは脚がガクガクになるので、トレーニングでしっかり経験しておこう!

標達成に大きく近づきます。

　トランジットのポイントは、やるべきことを確実にやること。**速さにこだわるあまり間違ったことをすれば、それをやり直すためにかえってタイムロスになります。**また、焦って競技規則を破ると、タイムペナルティ（競技中断）を課せられたり、場合によっては失格になってしまうこともあります。とくにバイクの用具を装着する、脱着する部分は煩雑なので何度も練習し、流れを把握しておきましょう。

　ある程度慣れてきたら、簡略化できる部分や効率化を図れる部分も出てきます。タイムを各種目で縮めるのは大変ですが、トランジットはトレーニングで誰でも縮められます。1秒を削るために、まずは確実なトランジットを身につけます。

ワンポイントMemo

実践トランジットの流れ

[スイムからバイク]

走りながらウエットスーツを上半身だけ脱ぐ ▶▶▶ トランジットエリアに到着したらウエットスーツをすべて脱ぎゴーグルとキャップを外す ▶▶▶ ヘルメット、サングラスを身につける ▶▶▶ ゼッケンベルトを装着する ▶▶▶ バイクシューズを履く ▶▶▶ バイクを乗車ラインまで押していく ▶▶▶ 乗車ラインでバイクに乗りバイクパートの開始

[バイクからラン]

降車ラインでバイクを降りる ▶▶▶ トランジットエリアまでバイクを押し進める ▶▶▶ トランジットエリアに到着 ▶▶▶ ヘルメットを外す ▶▶▶ バイクシューズからランシューズに履き替える ▶▶▶ ランの開始

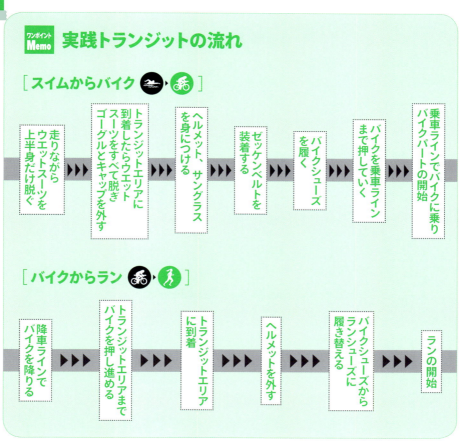

▼トランジットのセッティング

バイクアイテムの置き方次第でタイムを大きく稼げる

装着順をあらかじめシミュレーションしておく

スイムからバイクのトランジットエリアでは、バイクやバイクに関するアイテムをスイムのスタート前にあらかじめ置いておきます。このとき、決められたスペース内に用意しておくという以外、何から身に着けるかの順序や置き方に決まりはありません。

自分がやりやすく、かつ**効率よくバイクパートに入れるようにアイテムを配置しておきます。**慣れてくれば、シューズをペダルにつけておくなどの工夫で、さらに時間を短縮できます。

セッティングの基本

必要なアイテムをスムーズに装着できるように配置する（ここでは２度のトランジットが１ヶ所の場合を想定）

ギアは走り出しに適した軽めにしておく。こうした細かい意識がレースを左右する

ヘルメットとサングラスはハンドル周りにセット。腰を屈めずにつかめる

シューズの下にタオルを引いておけば、ヘルメット装着中に足をふいたり砂を落とせる

ワンポイント Memo

トランジットエリアに準備するもの

- バイク
- ヘルメット
- レースナンバーベルト
- ソックス
- タオル
- サングラス
- ランニングシューズ

荷物をまとめる

スイム後やバイク後はそれぞれのアイテムを自分のトランジットエリアにまとめておく。エリアからはみ出すとペナルティの対象になることもある

レースナンバー着用

レースナンバーベルトは、スイムの段階でウエットスーツの下につけておけば、トランジットエリアでやるべきことが一つ省略できる

上級者のセッティング

上級者はやることを省略し、よりスピーディにバイクパートへ移行する。基本がしっかり身についてからチャレンジしよう

シューズをあらかじめペダルにつけておく。ビンディングをつける手間が省ける

走りが安定したら落ち着いて片足ずつシューズを履く

バイクに乗ってある程度スピードが出るまではシューズを踏んだままペダルをこぐ

PART 7
実践テク

▼スイムからバイクのトランジット

脱着の作業が多いからこそ集中力を切らさずスムーズに行う

スイム直後の疲労で動作が散漫にならないように

スイムからバイクのトランジットは、バイクからランのそれに比べて、やらなければならない作業が多くあります。しかもスイム直後で疲労し、集中力が散漫になっていることも考えられます。何百台ものバイクが並び参加者がひしめいていますが、落ち着いて自分のバイクまでたどり着きましょう。**スイムアイテムを脱ぎバイクアイテムを装着するまでの流れはレース前に練習しておきます。**慣れればスムーズにバイクへと移行できるはずです。

ワンポイントMemo

目立つタオルを置いたりして自分のバイクを見つけやすくしよう

バイクは基本的にレースナンバーの番号順に置かれますが、何百台もある上、冷静さを失うと自分のバイクの場所がわからなくなってしまうことがあります。バイクの近くに目立つタオルなどを置いておいておくのも、自分のバイクを見つけやすくするための手です。

➡ トレーニングポイント

ここで紹介しているやり方をすべて真似る必要はない。自分がやりやすい順序ややり方を見つけ出そう

ウエットスーツを脱ぐ

下半身を脱ぐのはコツがいる。腰まで引き下ろした後は、スーツを踏みつけるようにして、片脚ずつ脚を引き出す

ウエットスーツの足首部分を切っておけば、楽に脱ぐことができる

バイクシューズとヘルメット着用

トランジットの作業をしながらスイムでの疲労を少しでも取り除く。ヘルメットを着用しながら深呼吸をすると、気持ちにも余裕が生まれ、次のバイクに入りやすい

レース中にシューズ内の砂や小石が気にならないようにタオルでしっかりふき取る

バイク用ウエアを着る場合、ヘルメットを先にかぶることのないように。ストラップも忘れずに締める

バイクを乗車ラインまで移動

安全面の配慮もあり、その場でバイクに乗ることはできない。バイクは小走りで押していき、乗車ラインを越えてから乗車しよう

他の参加者のバイクと接触しないように気をつけながら、バイクを押し進める

乗車ラインを越えたらバイクパートのスタート。ラインが混み合っていたら、少し前まで押してから乗る

▼バイクからランのトランジット

ランシューズのヒモをゴムタイプにすれば素早く履ける

バイクを止めてからヘルメットを外す

バイクからランのトランジットは、スイムからバイクのトランジットほど、やらなければならない作業は多くありません。降車ラインを越える前にバイクを降りて、自分のトランジットエリアに着いたら、バイクアイテムをできるだけ素早く脱いで、エリア外に出ないように置きます。そして、ランニングシューズに履き替え、走り始めるという流れです。

シューズのヒモはゴムタイプにしておくと、素早く履くことができます。

バイクを降りる

トランジットエリア内でバイクに乗れないのは、最初のトランジットと同じ。降車ラインの手前でバイクから降りる

降車ラインの手前で降りてからはバイクを正規の置き場まで押していく

バイクの置き方は、ラックに掛けるのが一般的。他のバイクに注意する

バイクに乗りながらシューズを脱ぐ

上級者はシューズをビンディングから外さずにバイクに乗りながらシューズを脱ぐ。しかし、落車を招く危険なテクニックなので、練習せずに行わないようにする

PART 7 レースに勝つための「実践テク！」

ヘルメットとバイクシューズを脱ぐ

バイクを所定の位置にきちんと停車させてから脱ぐ作業に入る。
着用するときもそうだったように慌てず落ち着いて行う

ヘルメットは脱いだ後、放り出さない。
転がってしまわないように静かに置く

バイクシューズのマジックテープを事
前に外しておいても OK だ

ランニングシューズを履く

バイクアイテムを脱いだら、あとは最終種目であるランの準備のみ。
疲労が溜まっているかもしれないが、ここをスムーズに終えたい

必要であればソックスを履いてから、ランニングシューズ
を履く。ゴムヒモにしておけば結ぶ時間をカットできる

日差しが強い日のレースであれば、ランニングキャップを
用意しておく

栄光と感動のフィニッシュへ――。

これまでトレーニングでやってきたこと、そして、この日のスイム、バイク、ランで辿ってきた道のりを噛みしめてフィニッシュしましょう。

この完走の裏には、あなた自身の努力はもちろんですが、家族や職場の方々、仲間の協力があったからこその完走だと思います。そうした人たちや大会を支えてくれた主催者、ボランティアスタッフといったすべての人への感謝をどうか忘れずにいてください。その気持ちがある限り、また次の大会に向けて、気分良くスタートを切ることができるはずです。

これからもどうか素晴らしいトライアスロンライフを――。

Satoshi Takasaki/JTU1

＼トレーニングの悩みをスッキリ解消！／

トライアスロン QUESTION Q&A ANSWER

Q トレッドミルやエアロバイクでもトレーニング効果は同じ？

A

トレッドミルは、ランニングの練習にはなっても、ランニングではありません。慣れていないと、正しいフォームになりにくいという問題があります。また、エアロバイクも自分の体にフィットしていない場合が多いので、室内トレーニングのときはローラー台と自分のバイクで行うようにしましょう。

Q トレーニングの時間を作れない。これだと上達するのは難しい？

A

そんなことはありません。大切なのはトレーニングの質です。時間が取れない方は、日常のちょっとした時間に行うストレッチやスイッチで、すぐに動かせる体を作っておき、休日だけのランやスイムのトレーニングでもレベルは着実に上がります。「量をこなせば上達する！」というのは正しくはありません。

Q スイムをレベルアップさせたいが、それでもランを中心に練習するべき？

A

プールに行く時間が確保できるのであれば、ランとともにスイムの自分の「級」に合ったトレーニングを行ってください。とはいえ、プールに行く時間がなかなか取れないことも考えられます。そういう方はストレッチとスイッチ、ランを中心に行い、プールに行けるときに集中的にスイムトレーニングに励みましょう。

Q 51.5kmのレースに出て無理なく完走できますか？

A

きちんと基礎からトレーニングをすればできます。オリンピック・ディスタンスで余裕を持って完走したいのであれば、マラソンで4時間を切ってから大会に向けてトレーニングをスタートしましょう。その前に大会に参加したい人は、ショートやスプリントといった短い距離のレースに出てみてください。

Q 雨や雪の日はランやバイクのトレーニングはどうしたらいい？

A

悪天候の日は足元も悪くなり、低体温症や転倒によるケガの危険があるため、無理して走らないでください。室内でストレッチやスイッチをしっかりやるだけでトレーニング効果は得られます。どうしても走りたい場合は、着替え等の準備をした上で、スピードを出さないメニューを取り組むようにしましょう。

Q スイムトレで肩に強い痛みが……トレーニングを続けても大丈夫？

A ストロークの反復により、肩の腱が肩甲骨などに衝突して炎症を起こす「水泳肩」と言われる傷害だと思われます。休息を取り強い痛みのときは医者の診断を仰ぎましょう。予防は肩関節周辺の筋力強化とストレッチが効果的。肩周辺の高い柔軟性は傷害の予防だけでなく、泳ぎそのものの能力アップにもつながります。

Q バイクに長時間乗っているとお尻が痛くなります。慣れますか？

A 慣れもありますが、道具から解決する方法もあります。自分のお尻に合ったサドルやパッドのついたバイクパンツを探してみてください。また、初心者の方は体幹が安定していないために、お尻が動いて痛みが発生する場合もあるので、ストレッチとスイッチをきちんと行うことを心がけましょう。

Q ランやバイクで脚が痛む……何が原因ですか？

A 脚と言っても、その箇所によって原因が変わってきます。ヒザの内側なのか外側なのか、アキレス腱なのかふくらはぎなのか…。ただ、いずれにしてもその原因の多くはフォームに問題があります。痛みがひどい場合はトレーニングを中断し、自分のフォームを再確認してみてください。

Q 翌日まで疲れが残ってしまう。良い方法はありませんか？

A 疲れをひきずってしまうというのは、「アフターケア」がおろそかになっているのかもしれません。トレーニング後にアミノ酸系のサプリメントをすばやく摂取し、その後にストレッチをしっかり行えば、疲労回復のスピードが格段に速まります。

Q トレーニング後や大会前はお酒は飲まない方がいい？

A 普段はお酒を飲んでも構いません。それが楽しみで運動している方も少なくないはずです。ただ、いつもより多めに水分とミネラルを補給しましょう。大会前はなるべく控え、とくにレース前日はお酒を飲まずに翌日に備えます。トライアスロンは脱水になりやすく、二日酔いでレースに臨むと大変危険ですので注意します。

Q レースやトレーニングのとき補給食をどの程度用意する？

A 水分と糖質は、運動後にまとめて摂るよりも、少なくこまめに摂るようにしましょう。60分以上のトレーニングなら30分に１回は給水をしたいところです。補給食も60分に１回摂取できれば問題ありません。レースではエイドステーションがありますが、普段から慣れたものを用意しておくと安心です。

あとがき

マラソンブームに引き続き、トライアスロンをスタートされる方も多くなってきています。国内の大会にもなかなか出場できないくらいの人気ぶりです。

しかし、私も自分自身が競技者としてトライアスロンを行い、そして現在多くの方を指導していますが、一般の方ほど、正しい手順で大会へのトレーニングができている人が少ないようです。良い意味でも悪い意味でも、私が憧れて始めたあの頃のトライアスロンよりハードルが下がり過ぎている気がします。

私は多くのランナーも指導していますが、こちらは正しい手順でトレーニングが行えなかったとしても、その人自身が怪我や故障をするだけです。しかしトライアスロンでは、怪我や故障では済まなく、その準備不足は大怪我や命に係わり、また多くの人も犠牲にしてしまう可能性があるということを知っておかなければなりません。

本書では、そのことを第一に考え、少し面倒くさく思えるトレーニングもあるかと思いますが、正しいトレーニングの進め方を指導させて頂きました。

「完走者全てが勝者なり」と言われるトライアスロン。

私もその一人ですが、多くの人がこの称号に憧れてトラアイスロンをスタートされたかと思います。本書の「正しいトレーニング方法」で、その称号を多くの方が得られるように、応援しております！

プロトライアスロンコーチ　**青山剛**

■ 監修

青山剛（あおやま たけし）

大学時代にトライアスロンのプロ活動をスタートさせ、日本学生選手権3位、日本選手権9位となり1999年世界選手権日本代表に選出される。その後コーチへ転身し、選手を2004年アテネ五輪トライアスロン競技日本代表、日本人初の世界ランキング5位へと導く。2005年からは一般人向けのパーソナル指導「Team AOYAMA」をスタートし多くの方を指導している。著書多数。
日本トライアスロン連合・強化チーム・指導者養成委員
元日本オリンピック委員会・強化コーチ
青山剛オフィシャルサイト　http://www.coach-aoyama.com/

■ 取材協力
サンセットブリーズ保田／鋸南町B＆G海洋センター

2007年11月にオープン。フットサルコートとスカッシュコートがあり、合宿がしやすい環境。大会、学校、企業研修、ビジネスによる長期滞在、家族旅行など、今までの合宿施設とは異なり、幅広い方々が利用しています。

■ 取材協力
公益社団法人日本トライアスロン連合（JTU）／株式会社アシックス
オークリージャパン株式会社／株式会社エヌビーエス
株式会社ライトアベイル／シダスジャパン株式会社
アメアスポーツジャパン株式会社・スントマーケティング事業部
アメアスポーツジャパン株式会社・マヴィック事業部

○編集
株式会社多聞堂
○構成
城所大輔
小野哲史
○撮影
長尾亜紀
○イラスト
佐久間広己
○デザイン
三國創市
○写真協力
JTU
髙崎聡
iStock／Getty Images

レースに勝つための最強トライアスロントレーニング

2015年8月15日 初版第1刷発行

監修者　青山剛
発行者　穂谷竹俊
発行所　株式会社 **日東書院**本社

〒160-0022　東京都新宿区新宿2丁目15番14号　辰巳ビル
TEL：03-5360-7522（代表）FAX：03-5360-8951（販売）
振替　00180-0-705733
URL　http://www.TG-NET.co.jp

印刷所　三共グラフィック株式会社
製本所　株式会社セイコーバインダリー

本書の無断複写複製（コピー）は、著作権法上での例外を除き、著作者、出版社の権利侵害となります。

乱丁・落丁はお取り替えいたします。小社販売部まで、ご連絡ください。

Ⓒ Nitto Shoin Honsha CO.,LTD.2015,Printed in Japan
ISBN978-4-528-02038-2 C2075